50歳からのかろやか人生

木村和久

注意！　家庭内放置禁止です。
本書は、最初真面目な構成から始まりますが、
後半部分は、刺激的でエキサイトな内容になっています。
これは、手に取りやすくした演出です。
ですから、1回全部読んでから、
家庭で公開すべきか、自分の本棚にしまうかを決めて下さい。
あしからず。

はじめに

「バブル世代に向けて、老後生活の道しるべを提供したい」

今の70歳前後の人々を「団塊世代」と呼びますが、最近、その下に位置する「バブル世代」が、脚光を浴びています。今の50代前半ぐらいの人々を指し、新入社員の頃は、バブル入社組（1965～1970年生まれ）といわれ、もてはやされました。青春時代はジュリアナ・トーキョーで踊りまくり、小室哲哉の楽曲を聞きながらスノボに行った人々です。しかしバブル崩壊後、人数が多く、お荷物社員になった人が多かったようです。ITバブル、金融危機、リーマンショック、東日本大震災など、紆余曲折の人生を経て無事生き延び、いよいよ人生の第3コーナー、50歳代に突入したのです。

では50歳代の人は、どんなイメージがするでしょう？昭和時代の典型的50代は、サザエさんのお父さん、磯野波平で設定は54歳です。頭の上の毛が1本、ほとんどお爺さん扱いです。逆にナイスシニアといわれている俳優では、石田純一さんが、すでに64歳です。そう考えると、今の頑張り次第で10年後、石田純一になれるかも知れない。それは無理でも、小石田純一になれるって、企画の方向性が大分違ってきますが（笑）。

というわけで、本書のテーマは、タイトルにもありますように「かろやか」さです。今の50代は、昭和時代と違い、男性的にも現役な方が多いです。先日引退した小室哲哉（59歳）さんは、すでに男性として機能しなくなって、4～5年経つと言っていました。

つまり50歳から10年間の精進次第では、バラ色の60代も可能です。それは男として生きることはもとより、健康面では目や歯、髪の毛などの外見の老化対策、あるいはファッションやITライフの充実、はたまた出会いやコミュニティの拡充、ドラマや映画などから学ぶ人生訓など、多岐に及びます。

世代的には、年金勝ち組とは行きませんが、「年金ぎりぎりひき分け組」として、滑り込みセーフの老後が、待っています。経済のジェットコースター的変動を体験した世代で、ビットコインの暴落&盗難もなんのそのです。

逞しさでは負けない世代ですから、ちょっとしたアイディアや工夫で、必ずや素晴らしき生活を送れるでしょう。本書を「老後生活の道しるべ」として、参考にして頂ければ幸いです。

２０１８年３月　木村和久

目次

第2章　キャバクラ

第3章　社会・オピニオン

第4章　マーケット

第5章　エキサイトスポット

気持ちを

かる〜く

かる〜く

ライフ・健康 1

ある朝起きたら、芋虫になっていたのは、カフカの「変身」の冒頭シーンですが、
オヤジもある朝、起きてみると、変身していることがよくあります。
寝つきが悪く、夜中に何度もトイレに行きながら、やっと目覚めたら、
なんと腕が上がらない。
それは、五十肩の始まりでした。
知り合いは、モノを拾おうとしたら、ぎっくり腰になるし。
体は死ぬまで付き合う、自分自身そのものです。
大事にいたわって、しっかりメンテをしないといけませんね。

スティーブ・ジョブズ氏、〝究極の制服ライフ〟のススメ

オヤジは毎日の服選びから、解放されました。
ユニクロとGU、無印良品あたりを適度に着回し、
気に入ったら同じ服を、沢山買えばいいのです。
ハウスマヌカン（死語）に、高い服を買わされる恐怖はもうありません。
オヤジは服をセンスで勝負しません。
むしろ、常に清潔であることが大事なのです。

昨年ｉＰｈｏｎｅの新作が発表されましたね。続けざまに上位機種のＸ（テン）も発売されました。これは顔認証でセキュリティーし、誤作動確率は１００万分の1だそうです。どんな変装も見破るって、整形しても大丈夫か、そこが心配ですが。

そんな新型ｉＰｈｏｎｅの発売を機に、創業者のスティーブ・ジョブズのライフスタイルを、再確認したいと思います。生前、彼が新作発表の舞台で、ざっくばらんに喋っていましたが、全て計算ずくの演出だったのは知っていますよね。服装はニューバランスのスニーカー、リーバイスの５０１に、イッセイ・ミヤケの黒いタートルネックのオーダーニットと決まっていました。しかも、同じ物を何着も持っており、制服化していたそうです。

ジョブズは同じ服を着るメリットを、こう語っています。「朝、どの服を着るか、悩まなくて済む。だから時間を節約できる。アイコンとして、相手も認識しやすいし、いいことずくめだ」と。さすが、天才の考えることは違いますね。

天才といえば、日本でも「天才バカボン」のパパは毎度同じ服を着ていたことで有名です。過去に、その服の謎を解き明かす回があり、実は、ハチマキから腹巻、ステテコに至るまで、同じものを幾つも持っていたことが判明します。な〜んだ、ジョブズの元ネタは、バカボンのパパなのね。どうりで日本びいきなわけだって、そういうこと?

さてとジョブズの教えを、我々の生活に活かしてみましょうか。ユニクロなどの、お値ごろカジュアルファッションの店で、あなたは同じ服を何着も買えますか?細かく言うと、ソックスの類は、同じものを3つ4つ買った方が経済的です。だって、ソックスは不思議と片方を無くすでしょ。あるいは破れたり、すり減ったりする。だから同じのがあれば、補充出来るというわけです。

じゃTシャツやワイシャツの類はどうでしょうか。気に入ったのを2つ買うのはありだと思います。それはなぜか、人間気に入った服は、着る頻度が凄く増します。だからへたるのも速い。あ〜気に入ったシャツなのに、もうよれよれかよとね。着方は、へたってからサブを卸すか、同時並行で着るかはお任せします。

同じ服を着ていると、「お前、外泊したろ」って言われましたが、我々にとっては、懐かしい言葉の響きです。今一度、そう言われてみたいです。そのためにも、同じ服をいくつか買いましょう。

ランニングの仕組みが分かるドラマ「陸王」は面白かった

ＮＨＫの「プロジェクトＸ」なき後、オヤジを応援する番組が減りました。
ただ日曜9時枠のＴＢＳだけは外せません。
「半沢直樹」後も続く、オヤジ応援ドラマの数々。
これが昔、「東芝日曜劇場」の枠だったとは。
東芝は、「サザエさん」から降りましたけどね。
東芝の復活こそが、リアル版のオヤジ応援ドラマ、そのものです。
神戸製鋼、日産自動車、スバルも忘れずにね。

国民的人気ドラマ「半沢直樹」の続編が、難航しているから、その間の繋ぎだろうと思って見た「陸王」（２０１７年秋ＴＢＳ系、日曜9時）でしたが、結構面白いのに、びっくり仰天です。

初回スペシャルでは2時間放送でしたが、飽きることなく、あっという間に見終えました。しかも初回なのに、凄く盛り上がっちゃって、お涙頂戴の大団円。これは最終回？と勘違いし、次回を見ない人がいるのでは。そう思ったら2回目のオンエアは、選挙特番で飛んでいた。なんと1回で満足させる作戦を、本当にやったんですね。

陸王の話はこうです。町工場の足袋製造会社「こはぜ屋」が、業績悪化で倒産の危機に直面していた。そこで新規事業として、足袋の製造技術を生かした、新しいランニングシューズの開発に挑むというもの。

このシリーズ、必ず銀行が悪者となり、融資を打ち切る話で、視聴者を冷や冷やさせます。さすが、ちょっとこれは、ワンパターンって気もしますがね。

基本は町工場の社長の奮闘記です。社長の宮沢紘一が役所広司で、哀愁漂う50男の役を渋く演じています。昔は映画「失楽園」に登場し、黒木瞳と正常位で一戦を交えたけどって、それは役やないか。今はその面影がなく、立ち飲み居酒屋でくだを巻き、工場で寝泊まりしています。

一見地味に見える足袋ですが、実は足の真ん中ぐらいに重心が来て、ランニングに優しい構造なのだそうです。流行りのシューズは、かかとに体重を乗せて走るので、膝がやられやすい。こういう温故知新的なウンチク入りのドラマは、ジョギングブームの昨今、若い人たちにも、すんなり受け入れられるのかなと。

若いといえば、イケメンをふんだんに起用し、女性の支持もばっちりです。怪我をした設定の竹内涼真が、足に優しい足袋シューズに興味を持つランナー。山崎賢人は役所広司のダメ息子ですが、次第にやる気が出てきて、オヤジを助けます。

とにかくお金と手間がかかっています。マラソン大会のシーンは、何百人というエキストラが会場を埋めつくし、さながら映画のようです。ぜひともこの勢いを維持して、立派な足袋シューズを作ってください。できあがったら駒沢公園で、履いてみますか。そういうことかな？

オヤジ流ダイエット成功術は、食べなければいい

オヤジは昔の癖で、若者ばりに食べるからいけません。
簡単な話、食べなければ痩せます。
食べてないと言う人は、クロちゃん（安田大サーカス）なみの、嘘つきです。
気づかずに、絶対オヤツをつまんでいます。
朝食を、ヨーグルトのみにしたら、結構痩せましたよ。

オヤジ世代になると、みなさんダイエット問題に悩み出しますが、なかなか効果的な解決法がないようです。なんで太るのか?若い頃と同じような食欲のまま食事をしてしまうからです。けど、実際はそんなにカロリーは要らない。体は造るから維持するへ、シフトが変わっているのに、頭の指令系統が昔のままの指示を出しているんですな。

たぶん性欲も似たようなものでしょう。昔ほどセクロスに関心がない。だからたまにすると、結構な精子の量にびっくりしたりして。だいぶご無沙汰だったのね~。精子は溜まっても、金玉が腫れることはありません。体も食いすぎても、太ることはない。そうなればいいのになあ。なんのこっちゃ。

というわけで、去年からいろいろダイエットをしてたのですが、中途半端な結果で心が痛んでました。去年の今頃は毎日ジョギングをして体重も5キロ以上落ちて、やった~と思ってましたが、膝を痛めて泣く泣くジョギングを断念。そしたら再び太りだしました。

さらに五十肩となり、日常の運動に制限が。ただ食って動かない日常となり、凄く太ってきたのです。極めつけは、２０１７年の6月に沖縄に行ったときです。招待みたいな旅行だったので、料理も食べ放題状態となり、食うわ食うわでぶくぶく太り、さすがにこれはやばい状態に。でも食べるから太るんだってよく分かったので、あまり食べない生活をやってみようと試してみました。

具体的にどうやったか？タモリさんとか、有名人で1日1食生活をしている人がいると話題になりましたよね。でも、そこまでは無理なので、朝飯を抜いてみようと試してみました。

以前の朝食は、トーストにヨーグルトにバナナにオヤツ類と、結構量が多目でしたが、今はヨーグルトに、シリアルをスプーン2杯ぐらいまぶす程度です。あとはコーヒーかジュースで済ませます。最初はお腹がすきましたが、でも朝7時半にヨーグルトを食べて、11時半過ぎに昼ごはんですから、なんとか持つようになりました。実践1か月で慣れてしまい、今は全く空腹を感じません。

そしてお昼ですが、これは家で普通に食べます。ですがゴハンは絶対お代わりをしないで茶碗一膳で終わらす。これが大事です。

夕飯は大戸屋みたいな外食で済ますことが多いのですが、絶対大盛りにしない。カレーやカツ丼などのゴハンが多い食事をしない。これだけ守ってます。

あと家に帰って、夜におやつを食べない。以前はプリンやチョコやら食べてましたが、今は限りなくゼロに近いです。たまにアイスやプリンをいただきますが、それもスプーンで2杯程度。全部食べないようにしています。

ゴルフをすると、案外太る謎

こういう生活をやって1か月。どうなったか。まず太るのが止まりました。うっすらと0・5キロぐらいは痩せたかな。この500グラムは、私にとっては、大きな一歩です。年間では6キロ痩せる計算になりますからね。何事も継続できないと意味がない。この程度のダイエットなら、自分でも出来るんじゃないですか。

何事もきっかけは大事です。私の場合、たまたま健康診断で血液検査もして中性脂肪が多いのが問題ともなり、これで腹をくくりました。

結局、外で誰かと外食して、たらふく食べるから太ってしまうんです。丸っきり会食しないわけにいかないので、ある程度はしますが、それでもつまみ多目にボリュームのある食べ物は食べません。

案外ゴルフが、外食の中で太る原因だったのも判明しました。

以前のゴルフは朝食にゴハン定食、昼はがっちり肉類を中心に食べます。そして夕方、パーティでまた食べ、さらに夜もたらふくと、4食も食べていたので太るわけです。今は朝ゴハンは、コンビニのサンドウィッチにコーヒーのみ。昼は丼やカレーは止めて、普通に定食を食べ、ゴハンは一膳分のみ。問題は夕方以降ですが、夕方のパーティがあるときは、それを食べたら夜はなしです。逆にパーティがないなら、夜は普通に食事して終わりという按配です。

以前はお酒も飲んでいましたが、なぜか尿酸値も上がっていたので、今はほとんど飲みません。暇な夜はゲームをして暇を潰し、たまに行くキャバクラも水割り1杯程度。「あまりお酒飲まないのね〜」とキャバ嬢に聞かれますが、「キミの笑顔で酔うから充分」と言えば、大いに喜びます。キャバクラはお客さんが飲むとこじゃないんです。キャバ嬢がドリンクをねだり、売り上げアップと成績アップに貢献するところなのです。自分は飲まなくてもキャバ嬢が飲んでいれば、全て丸く収まる場所といえます。

というわけで、我々は知らず知らずの間に、余計なものを食べているんですな。そこをしっかり認識して、シャットアウトすれば、太らなくなるでしょう。究極の健康法とは、毎日同じようなものを、同じ分量食べるってことで、皆さんが飼っているワンちゃんや、ネコちゃんと同じ食事環境が大事なのではないでしょうか。
「長生きしたかったら、犬になれ〜」。そういうことですかね？

ダイエットは
走るか
食べないか
どっちか選ばないと
テクテク

40代から巻き起こる、老化怪奇現象の対処術

老化とは頭髪が薄くなり、豊田前議員に呼び捨てに、されることです。

「このハゲー」だもんね。

昔は「そこのメガネ」と呼ばれましたが、、

今は「そこのメガネハゲ」ですか。

あと眉毛が長くなり、鼻毛がはみ出て来ます。

いろんなところが、制御不能となるのでありました。

人間は歳をとると老化が始まり、おじいさん街道まっしぐらになりますが、早い人はすでに30代から老化が始まります。最近身に起きる顕著な老化現象とその対処法を考えたので、しばしおつきあい下さい。

まず早いと30代から始まるのが、白髪化です。「ハゲるよりはいいじゃん」と思いますが、場所によってはショックです。例えば、へその下の陰毛周りとかね。白い立て髪のライオンだと思えばいいって、ジャングル大帝のレオですか。男性目線でいえば、自分の少量の白髪は誤魔化しがききます。問題は、パートナーや彼女の白髪を1本発見したときです。正直言って、盛り下がりますね。これは30代の女性なら、充分可能性があります。だったら、もっと若いコに変えればいいじゃんって旦那を代える電気のＣＭみたいに、簡単にはいかないのです。

「ともに白髪の生えるまで」

この言葉の意味がここでようやく分かります。若いコはみんな剃るから、毛を無くせばという提案も無きにしもあらずです。

毛髪関係でいえば、頭のハゲるのは置いておき、40代ぐらいから眉毛があらぬ方向に伸び始めます。村山元首相の眉毛を見ても分かるように、老化が進むと、眉毛が四方八方に伸びてくるのです。これはＤＮＡが誤作動していると、美容師が言ってました。理由はともかく眉毛が暴れ出したら、小さなハサミでグルーミングです。

もう1つ暴れ出すのが鼻毛です。以前より鼻毛が伸びるのが早くなっていますから、鼻毛を切るタイミングは頻繁に。鼻毛を伸びっ放しにしてモテるのは世界広しといえども、バカボンのパパのみですから。いやあ、最近は松下奈緒ちゃんですよ、ママ役は。松下奈緒がついてくるなら鼻毛を伸ばしっ放しにするって、話が飛躍しすぎだろう。

鼻毛で問題なのは、40代ぐらいから鼻毛の領土拡大が凄まじく鼻の穴から鼻の下の皮膚に毛が1～2本生えてくることも。おいおい、そこは鼻の穴じゃないよ。余計なところに毛が育っちゃってさ、「頼むから額に生えてよ」と祈るのでありました。

歳をとると、さらに尿漏れという厄介な現象が起きてきます。最初は尿のキレが悪くなり、しまうのに時間がかかる。次第に1回全部尿を出したと思い、しまってトイレから出て、歩き出したら残尿がちょろっと出るとかね。個人的には、なるべく大用のトイレでズボンを降ろしてゆっくり排尿。完全に滴を断ってから、ズボンを履きます。けど、時間がないとか大用トイレが埋まってることもあります。そうなると長い時間かけて、小用トイレで尿断ちをしなくてはならない。「おっさん、なげえよ」と、プレッシャーをかけられますね。携帯用の尿漏れパッドもありますから、そういうのを利用するテはあります。

歳をとって分かること多し

ここで当たり前に出てくる老眼ですが、メガネ君は老眼の場合、メガネを外すと裸眼で雑誌などが読めて、案外ラクチンと言われています。けど、老眼も度が進みます。どんどんひどくなると、裸眼で見える距離はせいぜい20センチぐらい。そうなると、ちょっと俯瞰で見る麻雀とかパソコンとかが使いづらくなります。そこで、老眼鏡と近眼メガネの中間的な役割を果たす「パソコン用メガネ」が必要になります。これはメガネをかけたときの視力が0．7ぐらいで、なんとなく遠くのものが見えるかなあぐらい。けど50センチ～1メートルぐらい目を離しても、パソコンや新聞も読めるという作業用のメガネですね。これ1つあると、デスクの作業がすこぶる便利に。メガネ屋さんに行って「パソコン用のメガネ」と言えば、作ってくれますから、手元がよく見えない人は頼んでみましょう。

そして老化が進むと、やたら体が痒くなる。背中とかが無性に痒い。冬場は乾燥しているから、痒みも激しい。そこで手を廻して掻くのですが、体が固くて、手が回らない。生まれて初めて、お婆さんが、孫の手を使って背中を掻く気持ちが分かったっす。孫の手はないので、30センチの定規で代用したが、手が背中に直接届かないこともショックでしたな。

痒みはいたるところに伝播し、特にひどいのがヘソの下。オヤジ界においてインキンと水虫はセットですから。同じ薬でまかなえるし。けど水虫の薬を塗ってから、インキンの薬をと、同じ時間にやると、菌が移ってる感じがして、延々に治らない。良いのは水虫とインキンを分けて、薬を別にして、塗る時間も別にするってことですな。

そして痒みはとうとう、おしりの周りにも伝わり、おそろしいほどの痒みが出て来る。これには参った。インキンの薬をつけてればいいやと思ったが全然効かない。逆に悪化して、おしりを掻いてばっかり。これにはお手上げし、恥を忍んで皮膚科に行ってみた。そしたらすぐ軟膏をもらって、2~3日で治癒しました。ひと月のたうち回っていたのは何だったの?

歳をとると、新たな発見が多くて困りますね。最近は人の顔が全然覚えられません。

若い女性は覚えがいいが、オヤジ系は全然ダメ。マッコデラックスぐらいビジュアルインパクトがないと、誰が誰だか。そうか、だからマツコは生き残れるんだな、妙に納得するのでありました。

中年オヤジを蝕む老化現象の数々

老化の第二弾は、オヤジの虫歯です。
昔、治した虫歯が、また悪さをして来ます。
さらに尿漏れ。おしっこをした後、ちょろっと漏れるのはなぜか？
加えて、五十肩を始めとした、関節痛や筋肉痛も激しい。
築50年のボディだから、いたわらなきゃダメですよ～

最近、体を痛めてペット番組ばかり見ておりまます。そして、耳から離れないのが「チュ～ルチュル♪、チャオチュ～ル♪」って、猫が猿みたいに舐めているペットフードのＣＭ。あかん、ワシも舐めたくなったわ。というわけで、Ｐ24で書かせてもらった「40代になると巻き起こる、老化怪奇現象の対処術」の続き。歳をとると何もしないのに体を痛めるというお話です。まずは虫歯の話をしましょう。普通、虫歯はエナメル質が浸食され、穴が空き、痛みを発生します。そこを削って神経を抜き、金属などを被せて終わりと思うでしょう。ところが、オヤジの虫歯は第二形態とでもいうのか、以前治療した虫歯が再発する場合が多いのです。

例えば、10年前に奥歯が治療済みとするでしょ。それが今頃になって歯根が炎症を起こして化膿し、膿が歯ぐきの脇から染み出てきます。「老人と膿」とは、このことか。参ったですわ。激痛はないから放っておくと、根っこがぐらつき、奥歯が割れて歯ごと全部取らないといけなくなります。実際、１本は奥歯が割れて歯根が半分になり、ブリッジみたいな被せ方をして誤魔化しています。インプラントの世話になるやつなんているの？なんて思っていましたが、一歩間違えば、自分がその世話になっていたのです。あれは値段が高いから、頼りたくないですよね。

結局、ここ5年ぐらいは歯の治療のしっ放しです。1つの虫歯の治療が終わると、また別の虫歯が再発する。現在右下の奥歯の治療中ですが、すでにほかの歯が腫れ出して、順番待ち状態になっています。オヤジになって、通うべきはキャバクラなのに、まさか歯医者に足繁く通うとは思わなかったです。

さらに、経年変化でガタが来るのは、排泄関係です。特に問題なのは、大きいほうです。まず排泄がまともにできない、痔の人が結構います。老化が進んでいるかどうかの判断の目安として、ウォシュレットの水量があります。㊣ならまだまだ大丈夫です。公衆トイレで、ふとウォシュレットの水量が㊙になっているのを発見すると、愛おしいです。「前に使った人は、お尻を患っていたんだな」と。もちろんウォシュレットなんて痛くて使えない方は、速攻病院に行ったほうがいいですよ。

というわけで、おやじは、自分のカラダにガタが来ているのを充分承知しています。だから、ささやかな抵抗を試みます。フィットネスクラブやジョギングなんて慣れないことに挑んだりと、皆さん1回は試しているはずです。

BSの通販番組などで、膝が痛くてと言ってるオバさんがいるでしょ。階段の上り降りが辛いとか、そんなバアさんに自分がなるなんて夢にも思いませんでした。膝を痛めると、階段を降りるのが、ほんとしんどいです。登るのはまだしも降りるのが辛い。一段ずつしか降りられなくなります。今は、大分いいですが、走ると膝が痛みだすので、止めています。気づくと、毎日グルコサミンを飲んでいる自分がおりました。

膝が痛くても、ゴルフが出来るのは不思議でした。膝を痛める原因はアスファルトの道路でジョギングをするから、膝に負荷がかかるのです。ゴルフ場は全部芝だから、膝に負荷がかからない。クラブハウスに行くまでのアスファルト道を歩くのがむしろ辛い、それが笑えました。

痛風で死んだ人はいないというけれど

オヤジ界では、足の病で有名なのがあります。それは痛風です。尿酸が結晶化すると、トゲトゲした物質になり、足の指の付け根などに付着し、猛烈な痛みを伴って腫れるのです。

一度なりましたが、マジで足に風が当たっても痛い。だから痛風っていうのです。尿酸値が、低ければ発作は起きません。そもそもの原因はプリン体といいますが、最近はお酒全体が悪いみたいな捉え方をされています。とにかく、飲み過ぎは禁物です。

「痛風で死んだ人はいません」

かかった人はみんな、そう言います。でも痛風を悪化させると、足全体が腫れ、車椅子での移動となり、動けない人は入院もします。私のように、普段あまり酒を飲まない人が急に沢山飲みだすと、痛風にかかりやすいこともあります。個人差が激しい病気ともいえます。

歳をとって深酒もできず、ジョギングもままならないとなると、今度は散歩をします。年寄りが散歩好きな理由がよくわかりました。それは、走れないからです。

あと体操もします。これはラジオ体操の類です。あんなのをやって、効果があるのと思いますが、体が全然回らないので、これぐらいから始めないと。

実は現在、何にも悪いことをしてないのに、3度目の五十肩真っ最中です。あまりに痛いので、取材を兼ねてカイロプラクティックに行きました。そうしたら、背中が曲がってて体全体が老化しているとのこと。前屈はマイナス30センチですよ。死んでもないのに、体が硬直化していますな。ゆえに左の肩が全然回らず、服が着づらい。左の袖を通すのに、適当に腕を伸ばしたり、曲げたりするだけで激痛が走る。だから朝1回服を着たら、1日同じのを着っぱなしが多いです。

「ああ、こうやっておじいさんになっていくんだな」というのがよく分かる昨今ですね。

もはやオワコン⁉　腕時計の必要性はあるのか

オヤジになって、いらなくなったものが、結構あります。
まずは女房って、そこは置いといて、ずばり腕時計です。
時間は、スマホ見れば分かりますって。
腕時計をしている人は、小金があると自慢したいだけでしょう。
高級時計をしている人と会ったら、絶対時計を見ないこと。
相手の思うつぼですからね。

腕時計って必要なのか？オワコンのような気がしてなりません。

最近、腕時計をしてないし、周りをみても、つけていない人が多いです。だいたい携帯電話・スマホの普及で、時間を知る機能としては、役目が終わったと思います。

じゃ何のためにしているか？それはファッションです。オシャレさんが、自己主張するためにつけている、それしか使用目的はないと思うのです。けど腕時計の高級路線ヒエラルキーってあるじゃないですか。ロレックスだ、カルチエだ、オーディマうんたらとかさ。そこが上に陣取っているから、中途半端な時計をしていると、あなたは高級時計を買えない方なのねと、見下されてしまいます。

国産の2万〜3万円の時計で有名なのはGショックぐらいでしょう。使用目的をはっきりさせないと、中間層の時計は生き残れないようですね。

というわけで、中途半端な時計をつけるなら、いっそしない方がまし。昔は乗っている車で相手の年収を測っていましたが、飲んだりする場じゃ、相手の車が分からない。そこで第二の指標として時計で値ぶみされることとなりました。年収を推測されない、かく乱する意味でも、ノーウォッチ戦法は賢いと思います。

ちなみに、私は以前オメガのシーマスターを10年くらい使っていました。ところが、このオメガはクオーツ、すなわち電池で動くやつで、2年1回ぐらい電池交換をしなきゃならない。電池交換は、そこらへんの街の時計屋というわけにはいきません。オメガの正規代理店か、デパートの時計売り場などに持ち込むしかない。それが面倒臭くて、しかも預かる場合が多く、取りに行くのが二度手間で、あるとき、しばらく止まったまま放置していました。そしたら、別に時計なくてもいいじゃん、全然楽だし腕が軽くなるし、ゴルフ場でプレーするときに外して、紛失するという危険性もなくなり、いいことずくめとなりました。

困る場面って、キャバクラに行って時間を知るときぐらいかな。スマホばかり見ていると、女のコが私には興味ないのねと言ってきます。セット料金の時間内で帰ろうと、必死に安物の時計を見ているお客さんもいるけど、これじゃ絶対モテないですよ。ましてや、どこのメーカーだか分からない時計をしてたら、値踏みされます。ブランドものの時計に異常に詳しいのが、彼女らなのだから。

キャバクラで時計を見ずに、かっこよく締める方法を伝授しましょうか。それは「キリのいいところで、チェックして」と、ボーイに言えばいいのです。さすれば入店時間から逆算して「あと20分で、ちょうど2時間となりますが」なんて言ってくるから、そのタイミングで切り上げればいい。

いまどきキャバクラに行って、高級時計を見せびらかして飲んでみんさい。「そげな高い時計買えるなら、シャンパンでも入れてよ～」と言われるのがオチ。だったら時計も買えません、ドリンクなんか飲まれたら、「ここで皿洗いしないといけません」と言って飲んでた方が、無駄球を打たなくて済みます。

キャバクラは不思議なもので、全然好みでないコほど、いろいろせがんで来ます。そこを貧乏作戦でかわし、好きなタイプのコが現れたら、俺はロレックスを質に出して金を作って来たから、好きなもの飲め～と言えばいいんじゃん。ほんまかいな。

松居一代騒動で学んでおきたい
ＥＤ薬とカツラの正しい知識

最近バイアグラのジェネリック品が出て、一粒４００円台で買えます。
昔２０００円の強壮剤を買っていたのが嘘のよう。
でも、枯れたから、そんなもの使わないよ。
そう語る人もいます。
でも持てば使いたくなりますって。風俗もあるし。
高校生の頃、使いもしないコンドームを持って、街を彷徨っていたでしょ。
もう一度、青春、いや回春だ。

昨年ワイドショーの女王となった松居一代さんです。松居さんは週刊誌の取材などで「バイアグラ」や「カツラ」に関していろいろコメントをされているようだけど、オヤジ界の回春評論家としては、その情報を整理し、正しく提供したいと思います。

まず松居さんが公表したＥＤ薬のバイアグラ１００ミリグラム関連情報ですが、基本的に量が多いです。日本人向けには25ミリグラム、50ミリグラムで充分です。しかも、１００ミリグラムは日本では正規に販売されておらず、海外の並行輸入ものか、誰かに頼んで仕入れてもらった可能性が高いです。その人が気を遣って量の多いものを渡したのでしょうか。もはや松居さんが話すことの真相はどうでもよくて、これを機会に正しいＥＤ薬の処方を考えましょう。

日本ではバイアグラのほかに、レビトラとシアリスがＥＤ薬として有名です。各錠剤とも、持続時間などが微妙に違い、ニーズによって使い分けができますが、なんといっても、今はバイアグラの一人勝ち状態です。

それはなぜか？唯一ジェネリック製品があるからです。バイアグラは最近、物質特許、用途特許が切れ、ジェネリック医薬品の発売が可能となり、２０１４年から格安製品が数社から販売されています。通常25ミリグラムで１３００円程度なのに、ジェネリック製品だと450円程度になります。半値以下の価格は、驚異です。そういう意味で、バイアグラが一番コスパが取れているのです。

入手方法は、雑誌などで宣伝しているクリニックに行って、医師と面談し、処方してもらうのが無難です。「最近、下半身が踏ん張り効かなくて」とボヤけばいいのです。「どれどれ、ズボンを脱いで見せて下さい」とはなりませんから、ご心配なく。1回処方してもらうと、次回からは診察券を出せば、自動的にもらえることが多いです。「処方は一時の恥、立たぬは一生の恥――」。ぜひお試しあれ。

植毛からカツラまで、知っておきたい豆知識

続いては「ズラ」についてです。ここでは、あまり知られていないカツラ関係の細かい分類をしたいと思います。まず、これはカツラではないのですが、多くの人がズラだと言い張る植毛について。

植毛

髪の毛を1本ずつ植えて行く増毛法で、これには「人工植毛」と「自毛植毛」の2つがあります。人工はナイロンのような髪の毛を、頭の薄い部分に直接植えるので、ほとんどセルロイドの人形状態です。しかも、異物が体内に入るわけで、常に頭皮を清潔にしておかないと、腫れてくることがあります。現在、日本ではあまり見受けられませんね。

その点「自毛移植」は自分の髪の毛を後頭部から額に移植。植えたら、そこから毛が伸びて来ます。分量は眉毛2本分の植毛で約50万円ほど。芸能人は、この自毛植毛が多いです。

自毛移植は自分の細胞を自分の体に移すわけで、定着率が90％ともいわれています。徐々に植毛していけば、まずバレることはないです。

増毛法

増毛とは、1本の髪の毛に数本の毛を結んで、トータルで毛がふさふさに見えるやり方で、速効性はあります。けど、毎月メンテをしなければならないので、手間もお金もかかります。毛の結び目が伸びて来ると、不自然でしょ。だから時々、処置しないといけないのです。

カツラ

カツラは綾小路きみまろさんが使っているように、ただ頭に載っけるだけのが、一般的です。これだと強風時に飛ばされるとか水泳などもできません。しかも髪型が妙に決まっており、バレやすい。数十万円もするカツラを買って「あいつズラだ」と言われるのも、なかなかしんどい話です。でも最終的にはまるっきり毛がなくなれば、植毛や増毛は無理なので、カツラに頼らざるを得ません。最後に辿り着くのが、カツラともいえます。

そこで、まだ後頭部に髪の毛が残っている方に考案された方法もあります。

編み込み式カツラ

人気漫画家さんが宣伝しているやつで、これは後頭部の毛にカツラを編み込んでしまう方式です。だからよっぽどのことがない限り、飛んだり、ズレたりはしません。けど薄い毛でも伸びるので、時々メンテして、再編み込みをしなければならない。これが面倒臭いですかね。

とまあ、いろいろなズラの話を書きましたが、実際の使用としては併用することが多いのです。つまり、自毛植毛は素晴らしいのですが、カバーする範囲が広いと、限界があります。移植元の毛より、植えるべき毛が多かったら、物理的に無理でしょ。だから正面の生え際だけを自毛植毛をして、頭頂部を増毛したり、ズラを載せたりしてカバーをするわけです。さすれば、正面から見る限り「しっかり生え際があるなあ、でも何か載っかっているくさいんだけど」みたいな状態で、取りつくろうことができるのです。

まあ、いずれを装着するにせよ、軽自動車1台分ぐらいのお金はかかります。カツラを購入するときは、スペアを同時に作ることを勧められますから。ズラをしている人はお金持ちである。これは紛れもない事実のようです。だからキャバクラのお客さんに多いし、身なりもきちんとしている人が多いのです。というわけで、

「トレンチコートの人は、ズラが多い」

この仮説、寒くなったら、誰か証明してみてください。結構な確率だと思いますよ。

カヌー銅メダリスト・羽根田選手もやっている風邪防止、口テープ

オヤジは寝ているときに、何故風邪をひきやすいのか。

それはイビキをかいて、喉を痛めるからです。

じゃ、喉を痛めなければいい。

まさにその通り。口をテープで塞げばいいのです。

これは、変わったプレイではありません。

ちゃんと薬局で専用のテープを売っていますから、お試しあれ。

リオオリンピックのカヌー競技の銅メダリスト・羽根田卓也選手は風邪をひくのを防止するために「口にテープを貼って寝ている」とコメントしておりました。実は私も同様なことをしており、激しく同意した次第。この「口テープ」の効果はどれだけあるのかをやんわり考察してみます。

まず風邪は案外寝ているときにひきやすいことに気づかないといけません。もちろん昼間に寒い屋外にいたり、空気の悪い居酒屋などで大声で騒いでいたりすれば、風邪はひきやすいです。けど、風邪を治すべき就寝中に風邪をひく、または悪化させることがよくあります。

寝ていて風邪をひく理由は、さまざまあります。酒を飲んで寝て体が熱くなり、布団をはぐとかね。あといびきをかき過ぎて、喉を痛めて風邪をひくこともあります。

寝ているとき、酸素を取り込む入口は喉と鼻です。要するに「口呼吸」か「鼻呼吸」かを選ばないと。呼吸は無意識なので、どちらか一方に偏る傾向があります。答えとしては、鼻呼吸を選ぶほうが無難かと思います。口呼吸をすると、喉の炎症が半端ないときがあります。もちろん鼻呼吸でも、鼻炎になることがありますが、でも喉をやられるよりはマシかなと。

今まで個人的に風邪対策で取り入れていたのが「濡れマスク就寝法」です。マスクのガーゼ部分に水を垂らして装着すると、湿り気のおかげで、口呼吸をしても喉を痛めないという考え方です。

これは1年ぐらいやったでしょうか。でも多少難点があります。まずマスクの湿り気が朝までもたないのです。途中でマスクが乾燥して、明け方には濡れマスクの効果が薄れます。さらに寝ているとき、マスクがずれたり、無意識に取ってしまう場合があります。

今は濡れマスクそのものが商品としてドラッグストアで売っていますから、興味のある方はそれをお試しください。中身は普通のマスクの内側にポケットがついており、そこに湿り気のある固形物があって喉を潤す仕組みです。市販品は普通のマスクより値段が高いので、そのぶん朝まで持ちますが、頻繁に使い捨てをすると、結構な出費になります。

そこで「口テープ」の導入となるのですが、それは別な方面からのサジェスチョンで試しました。実は家族会議で「いびきがうるさい」という案件が出て、口封じのために、やってと言われたのです。本人は寝ているので、いびきの音量は分かりませんが、口テープを貼ると喉を鳴らすいびきは消えました。その代わり、鼻を鳴らすいびきが起きましたが、喉よりは音が小さいとのこと。

口を塞ぐ専用テープが市販されている

テープはいびき防止&風邪防止用の専用テープをリビングのテーブルに置かれたので、それを使わざるを得なくなりました。形状は幅のやや広い絆創膏と理解すればよろしいかと。当初はテープを貼ると、口呼吸が全く出来なくなり、寝苦しい状態に。無意識にテープをはがしてしまうこともあります。口もつまるし、鼻もつまるし、どう息をすればいいのやら。太った人に多いのですが、口と鼻両方詰まる人はまさに無呼吸症候群になるわけで、これは大変です。病院に行ったほうがよろしいでしょう。

無呼吸になるのは怖いので、最初の頃テープを使用しながらも口を少し開けておきました。精神的には凄く楽です。あと鼻呼吸をさせる方法ですが、寝る前に風呂に入ったりすると、鼻の通りがよくなります。ポットなどの湯気を顔にあてるのも効果的です。寝相も考えた方がいいですね。仰向けになっていると、不思議に鼻呼吸が楽になります。これが横に寝ると、苦しくなってテープを取ってしまうことも判明。いろいろ工夫して、なんとか朝までテープを取らずに済むと、喉はすっきりしていました。でも、代わりに鼻の奥が痛いことも。でも、これは仕方ありません。どちらかを犠牲にしないと生きていけませんから。

個人的には、喉からくる風邪のほうがしんどいです。喉の風邪は昼間喋らざるを得ないので、なかなか治りにくいのです。一方、鼻の炎症は起きている間、口呼吸（マスク使用）が併用できますから負担を軽減できます。だから朝、鼻がぐずぐずしてても、昼には治っていることが多いのです。

とまあ風邪はひきにくくなったのですが、今度は口テープのせいか、歯ぎしりがしんどくなってきます。歯医者に行くと、歯が寝ている間に、こすれて削れていると言われました。マウスピースをして寝てくださいと言われて、自分専用のマウスピースを作って持っているのですが、これができなくて。だってテープで口を塞いで、マウスピース着用って負荷がかかり過ぎです。映画「ハンニバル」のレクター博士じゃないんだから、口をいろんなもので塞ぐなと言いたいです。というわけで、しばらくは歯のすり減りは我慢せざるを得ないです。

この一連の対処法は、あくまで民間療法です。専用の口テープはドラッグストアで売っていますので、店の人と相談して買うのがよろしいかと。個人差は多々あるでしょう。それを承知のうえで、トライしてくださると幸いです。

男の夏のニオイは、ワキ毛の全剃りが効果的!?

「老人と臭」、どうやらヘミングウエイも悩んだらしい。
オヤジは気づかずに、オイニイをまき散らしているようです。
解決策は簡単、脇の下の毛を安全カミソリで剃ればいい。
オイニイは大分減ります。
ついでに股間の毛も、間引こう。インキン防止になるでしょう。
しかも、デカく見える効果ありって、誰かに見せるアテがあるのかな?

トリンドル玲奈ちゃんのワキは、スベスベで綺麗ですな。**オヤジ**世代もトリンドルちゃんを見習って、体を綺麗&清潔に保ちましょうって、いささか手遅れな気もしますが、頑張りましょう。題して**オヤジ**の夏対策です。

いつから自分が**オヤジ**臭くなるのか？ 個体差はありますが、早い人は30代で始まります。けど知恵と工夫次第で、おやじ臭を幾分減らすことは出来るので、参考にしてください。まずはワキの匂い対策です。あれは歳をとるに連れて匂いがきつくなります。ワキ汗スプレーの類いも効きますが時間が経つと、体臭とスプレーの匂いが微妙にブレンド化し、嗅いだことのない匂いとなります。だからって、マメにワキを拭いて、何回もスプレーする時間ないしね。

そこで編み出されたのが、小島よしお作戦です。小島よしおは、今や子供界のアイドル、ゆえにワキの毛を全部剃っています。子供はワキの毛が嫌いという理由からだそうです。それを真似してワキの毛を剃ってしまおう。ワキの匂いを倍加させているのは、縮れたワキ毛です。あれにワキ汗が絡みつき、ダマとなって残り、異様な匂いを生み出しているのです。

夏にワキ毛を剃って、5年ぐらいになるかな。非常に調子いいです。気分的にはワキ臭が、半減したって感じですか。同様に陰毛も、夏場は半分ぐらいカットします。ライオンのたてがみと言って自慢するのもいいですが、蒸れるとインキンの温床になります。加えて陰毛を短くすると、アレがデカく見えて、ちょっと得した気分、妙案です。

オヤジ化ってどういうことなのか。まず40歳ぐらいから、眉毛があらぬ方向に伸びてくるから驚きます（P26参照）。なんで眉毛が、あさっての方向に生えて行くの？どうやら遺伝子が暴走して、勝手に方向を変えるようです。もともと薄い眉毛なのに、泣く泣く切る辛さよ。60歳過ぎると、今度は耳毛が生えるらしいから、楽しみに待つこのごろですけど。

ほかインキンも大変です。水虫対策に毎日薬を塗ること。薬を足から塗って、陰部を塗ると移るから、順序は逆よ。老眼も始まります。しかも老眼の度は徐々に進んで行く。近眼の人は、眼鏡を外せば、近くのものがはっきり見えて困らない。けど目がいい人は、近くが見えない皮肉な現象が起きます。仕方がない、老眼鏡でも買ってみるしかない。１００円ショップでも老眼鏡は売ってるので、それで試して、それから眼鏡屋で調整して買うのがよろしいかなと。

虫歯は歳をとると、歯じゃなく根の部分が腐ってきます（P31参照）。歯槽膿漏の一種かも知れないが、歯の表面じゃなくて、昔治療した歯の根が腐ってくる現象が起きやすいのです。とにかくオヤジになるとメンテの連続です。キューバを走る１９６０年代クラシックカーって、大丈夫なのか？ 何を言ってるの、あのクラシックカー状態なのが、あなたの体でしょって。

さらにオヤジはＥＤにもなります。けどそれはＥＤ薬で簡単に解決できる。簡単に解決できないのは、ＥＤ薬を使うべき相手です。世の中皮肉なもんですな。下半身元気なれど、相手なしとはね。

オヤジ割を活用。オヤジで良かったと思う年齢は

オヤジで良かったことが結構あります。
ディズニーランドはオヤジ割ありです。
逆にジェットコースターは、オヤジ禁止のところも。
実は禁止でホッとしています。そもそも乗りたくないもの。
パパの弱虫とは言わせない。お父さんは年齢制限で乗れないのだから。
これで無事、オヤジの威厳が保たれるってものです。

シニア割引というのは聞いたことがありますが、50歳前後のオヤジ割引というのはあるのでしょうか。以前、紹介した映画の夫婦割は、男女どちらかが50歳以上なら割りびきます。やはり50歳あたりがオヤジ割の分かれ目なのかもしれません。

ちなみに東京ディズニーランドでは、以前45ＰＬＵＳパスポートなるものを出して、子育ての終わった45歳以上のミドル世代の割引をしていました。現在は、65歳以上のシニアパスポートのみの販売です。

一方逆年齢制限もあります。富士急ハイランドの総回転数世界一のジェットコースター「ええじゃないか」は、60歳までしか乗れません。だから今年64歳の石田純一さんは当然乗れないのです。でもね、以前見に行ったけど、あれは40代でもきついですよ。女性は不思議と何歳でも乗りたがりますが、男性は苦手な人が多いです。オヤジならなおさらだ、絶対乗りたくない。小学生の子供がいる親は大変ですね。一緒に乗らないと「パパは弱虫」とか言われそう。もうあ〜いうのに、一生乗らなくて済むことが、オヤジとして何より幸せです。

乗り物といえば鉄道です。ＪＲ東日本の「大人の休日倶楽部」の入会が丁度50歳から。これは凄く重宝で、特に年3回ぐらい発行されるパスが、かなり格安で毎年何かしら使っています。

1万5000円の「大人の休日倶楽部パス」は、JR東日本管内の周遊チケットです。新幹線を含め4日間、乗り放題。しかも指定は6回まで取れます。ほか自由席は乗り放題。だいたいうちの田舎の石巻まで帰るのに、それぐらいお金がかかります。だから、岩手や青森に追加の1泊旅行をするだけで充分元が取れます。3日目からタダ旅行。乗れば乗っただけ得です。

ほかにJR東日本管内と北海道一周ができるパスが付加されて2万5000円というのもあります。実はこれを使って津軽海峡を潜って、なぜか千歳空港まで行ったことがあります。地元の温泉に入ってラーメン食べて帰って来ました。元々プチ鉄道ファンだから、電車に乗ってることが楽しい。津軽海峡線なんてガラガラと思ったら、その列車だけ修学旅行で満席。仕方なくデッキに座って弁当を食べました。それもまた楽しいのです。このパスも特急乗り放題で5日間。鉄道ファンじゃなくても、楽しめるパスだと思います。

一方、東海道新幹線はどうなのか。大胆な割引はなく、せいぜいこだまの割引ぐらいで、目立った商品はありません。東海道新幹線はJR東海のドル箱で、そこを割りびいたら死活問題になるからでしょう。ＪＲ東海とＪＲ東日本は、仲があまりよろしくない。ＪＲ東海だけ美味しいところを持って行ってますからね。北陸新幹線開業で北陸を含んだプランが発売されました。これはＪＲ東日本とＪＲ西日本が、ＪＲ東海をスルーしてタッグを組んだプランといえますね。

痴漢撲滅は大事だが、冤罪も晴らさないと

オヤジはおちおち、電車にも乗れません。
ＪＫなる生き物が来たら、逃げるがよろしい。
彼氏にフラれたか、なんだか知らないが、ウサ晴らしで
「この人痴漢です」と来たもんだ。
痴漢の冤罪にされてしまう。
全てが自由だった「痴漢電車」が懐しいって、それイメクラでしょ。

最近の通勤電車での痴漢騒動は凄まじいものがあります。痴漢呼ばわりされた人間が、線路に飛びだして逃走するとか、あるいは、単に女性の体に肘が当たっただけなのに、痴漢と言われて、大騒動になったりと、悲喜こもごもです。

もし、あなたが機嫌の悪そうな女性と目があって、たまたまヒールの先に触れてしまった。それだけで「この人痴漢です」と言われたら、パニックになりますよね。

「痴漢」って言葉は錦の御旗と同じで、言われた方は、賊軍になってしまう。問答無用とはこのことなり。もはや江戸城は開城し、会津若松城に籠り、黙秘権を行使するしかないのです。

痴漢と言って、誰かに手をつかんで大声をあげられれば、その人の人生は崩壊します。もし冤（えん）罪なら、大変なことですよ。

現状では、われわれ中年オヤジは賊軍扱いです。だから自衛しないといけません。どう自衛するか?まず、電車に乗ったら両手でつり革を持つに限ります。でも現実的には、吊革の数が圧倒的に少ない。そこで提案ですが、吊革を通常の倍ある電車をこさえて、「冤罪防止車両」と名付けてはいかがでしょう。

痴漢行為をしやすくしているのは、電車がすし詰め状態だからです。山手線じゃ、防犯カメラを導入開始ですが、それもいいでしょう。さらに車両を増やして、混雑解消し、女性専用車両を、1両増やしてみるとかね。もっと痴漢防止策を考えましょう。

巷で聞く噂では、電車に乗ってて、気に入らないオヤジを見つけたら、「この人痴漢です」と言って、ウサ晴らしする女性がいるとか。そもそも、痴漢が冤罪でも、無実を証明するのが精いっぱいでしょ。晴れて無罪を勝ち取れば、それは嬉しい。じゃ最初に痴漢と言いがかりをつけた女は、お咎めなしですか。あまりにも、不公平過ぎます。無実となったら、その女性は「名誉棄損」で、起訴されるべきでしょ。「あら、勘違いだったわ」で済む話ではないのです。

皆さん練習しましょう。いきなり「この人痴漢です」と言われたら「やってません。あなたを名誉棄損で訴えます。無罪の場合、あなたは刑事罰を受けることになります」とね。そして近くにいる乗客に「私はやってません。誰かその証人になってくれませんか」と、頼むのも大事です。

というわけで、「痴漢呼ばわりは恥だが、逃げると損」ということで、よろしいでしょうか。

隣人トラブル、今そこにある危機を検証

汝、隣人を恐れよ。
一番近くにいる隣人こそが、最も怖い存在になりうるのです。
日頃から、近所づきあいを良くして、挨拶を怠らず。
それでも、不気味な仕打ちをされるときがあります。
そんなとき、「あ〜借家で良かった」って思うから。
貧乏も案外、捨てたもんじゃないですね。

隣人トラブルは、最近、日常茶飯事ですね。神奈川じゃ、サバの味噌煮を投げつけ、車でひこうとして殺人未遂になり、ワイドショーで話題になりました。

このような隣人トラブルでは、生粋のトラブルメーカーと争うことは少なく、隣人との些細なボタンの掛け違いから起きやすいです。

例えば隣家の柿の木が、敷地を飛び越して来た。文句を言う代わりに、柿の実を食べたら、「断ってから食べて」と泥棒扱いされた。ここで怒った隣家の住人が、はみ出た柿の木を切ったら、器物破損で訴えられたとかね。

実は木村家も、隣人トラブルに何度かあっています。まずは約50年前。

夏の暑い時期、母親が道路に水をまいていると、近所のオヤジが血相を変えて怒鳴り込んできました。路上の車が汚れるから水まきを止めろというのです。当時は舗装道路じゃないから、水たまりができたんですね。そもそも、路駐している方が悪いわけでしょ。結局、こっちが折れて、車が停まっているときは、水をまかないことにしましたけど。

実家では、隣の家との冷戦が死ぬまで続きました。子供の頃は、隣家と仲良かったんですけど、突然、いがみあうように。相手側のおやじさんも亡くなったので、理由は分からずじまいですが、10年以上、壁を叩かれたり、ゴミ捨てられたり、大変でした。

実のところ隣人トラブルは、法的手段に訴えるまでもない、細かい嫌がらせが延々続くことが多く、我慢して生活している人がほとんどです。

これがエスカレートして「騒音トラブル」となると、程度が違ってきます。騒音を出すと周囲の住人が全部被害を被るので、一致団結します。カメラで撮って証拠を出し、裁判沙汰、警察沙汰に発展します。騒音元も、四方八方からクレームを言われるので、ますます逆切れしがちです。今の時代、騒音トラブルは、事を大きくしてワイドショーネタにした方が、収束も早いようです。

以前、東京・代官山にマンションを持っていたとき、上の階の事務所がうるさくて、揉めました。それもあって売りに出したのですが、お客さんが下見しに来た時、上の階に行って「30分だけ静かにして」と、懇願しました。なんで俺が頭下げるの？甚だ疑問でした。

その甲斐あって見事売れたときはホッとしました。隣人トラブルが怖くて、家を買わず借家にする人もいますから。凄い時代になってきましたね。

キャバクラ 2

キャバクラの記事を書こうとすると、雑誌編集者は
うちの読者は貧乏だから、キャバクラに行かないといいます。

ならば「スターウォーズ」だって、誰も宇宙に行かないから映画はウケないでしょう。

キャバクラの話は、お店情報ではありません。

じゃいったい何か?

それは、ファンタジーです。

男のたしなみとして、あ~いう楽しい世界があることを、心の隅に止めておいて欲しいのです。

たまに気が向いたら、スナックでもガールズバーでも構わない。

顔を出せばいいのです。

キャバクラが好きなのではない。

キャバクラに行ける、自分が好きなのだから。

私の客を離さないで。カズオ・イシグロ風にキャバクラを書いてみた

最近のキャバ嬢のＬＩＮＥ使用率は、ほぼ１００％ではないでしょうか。
ちなみにＬＩＮＥでやりとりをすると、メールと写真が沢山送られてきます。
それでいいじゃん。別にキャバクラに行かなくても。
1回だけ店に行って、ＬＩＮＥ友達を増やそう。
相手は店に来て欲しくて必死です。
思わせぶりをして、繋いでおくがよろしいかと。

そんなわけで、今回は格調高くノーベル文学賞的に、キャバクラの諸事情を報告しますって、タイトルだけじゃん。

秋の夜長、また性懲りもなく夜の街に繰り出し、パトロールを開始した昨今、皆さんおかわりございませんでしょうか。高級店からカジュアル店まで「夜回り先生」をし、また新たな発見があって驚いています。

今回の驚きは「水商売のコは自分が魅力的であり、男性客が熱を上げるのを前提に物事を進める」ということです。

そりゃね、こちら側は高いお金を払うのですから、店側としてもそこそこのレベルの女性を揃えて、お出迎えするのがマナーですよ。でも、そんだけ美人を取り揃えたら、その中での優劣が存在してしまうのです。

つまり「高級鮨店のカッパ巻きは、果たして人気があるか？」ということです。カズオ・イシグロの文学で大事なのはメタファーです。日本語では隠喩・暗喩といいます。

ここでのメタファーは「カッパ巻き」です。それは、鮨屋の中では必要な構成要員で箸休め的な色合いの強いキャラクターとなっています。そのカッパ巻き的キャバ嬢はキャバクラにおいても必要な構成要員です。見た目は普通ですが、卒のない客あしらいが上手いのです。

つまり、人気嬢やママが次のテーブルに呼ばれたとき、そのフォローを任せられることが多いと。私の場合、たいがいこういうヘルプ嬢が長時間トークの相手をしてくれます。

そんなわけで、この箸休め的なお姉ちゃんが結構頑張ってくるから、びっくりしたなもうです。「人気の女のコは可愛いけど、なかなか落ちないわよ～。けど私のようなカッパ巻きみたいなコなら、ひとつまみで口の中へオーケーよ」と言いませんが、そういうニュアンスで営業して来ますね。

1回しか会ってないのに、すでにスマホ友達です。ある日のＬＩＮＥはこうでした。「今日もいいお天気ですねえ～。ゴハン食べに行きたいなあ」と、絵文字入りでメールが来ます。「キミらのゴハンは同伴だからなあ」とやんわり返すと、否定もせずに「ダメですか？ゴハン食べましょうよ」と、追加の誘いをして来ます。

これって、そもそも自分が魅力的で凄く価値があるか、あるいはお客さんが一方的に熱を上げているかを前提に、アプローチしているわけで、こちら側との温度差が激しくあるのは否めません。

さほどキャバクラに行かなくても楽しめる

さて、この高級店のカッパ巻き的営業をどう解決しましょうか。

面白いので、暇つぶしにＬＩＮＥメールを鬼のようにしました。しかも、最近知り合った数人のキャバ嬢と同時進行で行ったのです。

昔は「このお客さん、なんぼ誘っても店に来ないから切っちゃおう」と音信不通になるのですが、今はどうやらノリが違うようです。何がどう違うのかというと、

1　ＬＩＮＥの日常性

若いコは毎日たくさんの人とＬＩＮＥでやり取りをしているから、オヤジ客の数人の相手なんて朝飯前。結果を求めずとも、つい惰性でメールをしてしまう。それだけＬＩＮＥ中毒になっているんですな。

2　写真がイメージを膨らませる

店に行ったとき、暗くて顔を覚えてないというと「奇跡の１枚」的な目のデカい写真

を送ってきます。写メ慣れしているから、写真のやり取りが当たり前です。一人インスタ状態ゆえ、調子こいて「水着の写真ないの～」なんて入れても、「この前、ハワイに行ったときの」なんて書いて、躊躇なく送ってくる。ほんと、ありがたや～です。

3　VR感が半端ない

こうやってテキストとビジュアルのやり取りが多くなると、別にキャバクラに行かなくても、そこそこ楽しいじゃないですか。VRキャバクラっていうのでしょうか。なんかすでに行った気がして、客側としては大満足です。

4　使えるオヤジ客に簡単にランクアップ可能

結局、たまに「今週、金曜出るけど、良かったら」なんてやり取りをするけど、その前に「黒革の手帖（水商売を舞台とした2017年の人気ドラマ）見た?」「見たよ、前作の米倉涼子のも見てるよ」「面白いねえ、昔とどこが違うの?」などと、延々やりとりすると、結構使える**オヤジ**的存在になり、ラインの客の中でランクがちょっとアップするのでした。

以前は「ウザ客」あるいは「細客」という括りでしたが、今は「使える客」の仲間入りですか？

２０１７年の話題は映画「ブレードランナー２０４９」でした。実は試写で見ており、感想を聞きたがるコが多かったです。一応「非常に面白いけど、1作目は前もって見た方がいい。映画は長いので、予告編を入れて3時間だから、トイレは先に行ってて途中ドリンクは飲まない方がいい」と言っておくと、重宝がられます。

とは言ってもね、キャバ嬢にブレードランナーの原作、フィリップ・K・ディックの「アンドロイドは電気羊の夢を見るか？」の世界観を、どれだけ理解して頂けるかは未知数です。40歳以上の**オヤジ**が熱烈に支持の映画ですから。

とりあえずキャバ嬢の方々には「キャバクラ嬢は、電動マッサージ機の夢を見るか？」あたりから始めてもらいましょうかって、どんな夢なんだよ～。

合コンとキャバクラ、コスパがいいのはどっち

合コンとキャバクラ、どっちがいいかなんて、聞くまでもないです。

オヤジはまず、合コンに誘われませんから。

百歩譲って、出会い系アプリとか登録してみますか。

「58歳、既婚、趣味は歯間ブラシいじり」って書いてみなさい。

どこかの歯科衛生士から歯垢を取りましょうって、メールが来ますよ。

オヤジが夜遊びをしたいなら、キャバクラなどの飲食店に行き、

構ってもらうしかないです。

あとはどこにも行かないこと。お金が減らないぞ〜。

オヤジの永遠のテーマ、キャバクラと合コン。どっちが楽しく、コストパフォーマンスが取れているかを検証したい。実はこのネタ、以前ＴＯＫＹＯ ＦＭのオシャレな番組「アヴァンティ」でも取り上げ、出演を果たしたことがあります。あの品のいい番組で、こんなくだらないことをやったのは、最初で最後でしょうね。

というわけで今回は、合コンに対しての考察です。今まで幾多の合コンに出たことがあるけど、あまりいい思い出はありません。

一番派手だったのがバブル絶頂期の頃、当時のトレンディ俳優をゲストに、某ファッション誌の読者モデルと、４対４の合コンなんてのをやりました。しかも、高輪プリンスホテルの部屋を４つ押さえたから、誰が一番早く辿りつけるか競争しようって、すでに「合コン＝お持ち帰り」なのが笑えます。個人的には、全然辿りつけず、苦杯を舐めましたな。

そんな豪華な合コンもあれば、保母さんと３０００円飲み放題合コンってのがあって、ビッグサイズのチューハイのジョッキを何杯も飲んで、元を取ろうとしていた女性がいて笑えました。合コンとしては全然ダメ。むしろ心が折れて、それからキャバクラに行って飲み直したもん。

このように合コンは料金的に安いが、玉石混交です。しかも玉より、石のほうが圧倒的に多い。ガチャをやるようなものでスマホゲームの「ドラクエ・モンスターズ・スーパーライト」を例にとると、初期設定ではSランクのモンスターはわずか3％しか入ってません。Aランクが7％だから、そこまで入手できる確率は10％。これは合コンも同じ。通常のお呼ばれ合コンなら、10回に1回しか当たりがないのです。

しかも、合コンは仕切る人間との付き合いも大事で、いろいろ気を使わないといけない。後輩なら日ごろ食事をオゴるとか、先輩ならいやな仕事を率先してひき受けるとか、何かと気苦労も多い。ただ漫然と生きてては、合コンなんかにゃ、呼ばれません。

でも、30代、いや40代ぐらいまでは、ピンチヒッターみたいな扱いでも、たまに合コンに呼ばれたりはします。これが50歳を過ぎると、とんと呼ばれない。だいたい人に紹介するときどうすんだ？「58歳、既婚者」なんだけどって、その時点でもうフェードアウトでしょ。

無理を承知で街コンに参加してみますが、今までの若いコに対しての神通力が全く通用しないのに愕然とします。普通に喋ってるんだが、女性に「オッサン、何を血迷ってこんな若者の集まりに来てんだよ」的な視線を投げかけられます。う〜、オレって六本木じゃ「スーパーサイヤ人」なのに、街中の一般素人女性に対しては、ただの「クリリン」にしか映らないらしい。せめて「天津飯」ぐらいの扱いをしてもらわないと。

というわけで合コンは1回のコストが5000円ぐらいと安いが、レベルやノリ、相性の問題が生じてきます。当たりをひくまで何回もチャレンジするのもいいですが、トータルでは結構な額になります。体力や精神力の勝負ともなり、心が折れたものが負けです。

合コンは若ければ若いほど有利です。そばに若いコがごまんといるからです。お金も若ければなくて当然だし。何しろ世代間ギャップがないから、とっつきやすい。

一方、オヤジや業界人が好む、ギャラ付き合コンというのがあって、読者モデルやキャバ嬢が、飲み会要員として駆り出される場合があります。そのときはお車代として最低1万円ぐらい、払ってあげるのがマナーです。しかも高級レストランでやるから、主催者側から見れば、単なる出張キャバクラと変わらないというか、まんまそうじゃん。

飲んでる場所が、キャバクラかレストランかの違いで、女のコも源氏名と本名を使い分けます。どっちの名前使っても女性は金もらえるから、美味しいかなと。

合コンよりキャバクラがコスパがいい理由

昔、合コンに行ってひどい目にばかりに、あっていました。
保母さんとの合コンは、単なる胆っ玉かあさんが5人並んでいました。
少し細くした京塚昌子（古い！）が5人並んでみい。
定食屋かなって思うから。
だからいつも飲み直しがキャバクラだった。
そこで改めて、キャバクラの良さを感じましたね。

オヤジの永遠のテーマ、キャバクラと合コン。どっちが楽しく、コストパフォーマンスが取れているかをひき続き検証します。

前回は合コンのコスパについて述べましたが、ではキャバクラはどうか?

まずキャバクラの料金は高いと嘆くが、それはハズレが少ないのだから、仕方ありません。キャバクラで2万円で飲んだとしよう。最初可愛いコを適当につけてというと、店の混雑具合にもよるが、だいたい20~30分ごとに女性が入れ替わります。店側としては、気に入ったコをみつけて場内指名をして欲しいのです。客としても、ひと通り綺麗どこを見てからじっくり吟味したいので、店の目論見と合致する。けどそれは店の思うツボで、可愛いコは無限にボウフラのように湧き出て来るから、あっという間に2時間ぐらい経過して予算オーバーになる。

ズルい店は、会計チェックしてから特別に可愛いコをわざと席につけたりする。「え~どうしよう、ちょっと延長ということで」、それはそれでまた楽しいものです。

キャバクラの美人遭遇確率は、Sランクが10、Aランクが30、Bランクが50、Cランクが10ってとこでしょう。合コンでAランク以上に辿りつける確率が1割(P76参照)、Bランク以上に出会う確率は3割しかない。そう考えるとキャバクラは9割Bランク以上に辿りつけるから、実に効率がいいです。しかも1回の入店で、そのBランク以上に3人は会えます。合コンも3対3で会えば、3人と出会えるが、現実的にはチームワークが大事と言われて、適当に振り分けられるから、実質ひとりとしか出会えない。これはキャバクラの方が圧倒的にコストパフォーマンスがいいと言って、さしつかえないと思います。

キャバクラの何がスゴいかって、気に入った店を見つけたら、毎晩いつでも会える点です。合コンはそうはいかない。やる日が決まったら、残業サボって、7時に青山のレストランに何がなんでも行かないといけません。

さて今度は内容の濃さの比較ですが、昔はヤリコンみたいな俗にいう、鬼合コンの世界があったけど、こんだけ草食男子が多いと、スマートな展開になるのではないか。合コン、キャバクラ双方とも、せいぜいＬＩＮＥの交換して、合コンは2次会、キャバクラはアフターに行くのが関の山でしょう。

既婚者が堂々と遊べるのがキャバクラ

次第に歳をとっていくと、面倒臭いことが多くなります。例えば合コンで「結婚してんでしょ」とか言われても、既婚者は合コンに来ちゃまずいのかよ。何が悪いんじゃって思うが、その弁解するのが面倒臭い。その点、キャバクラは「結婚してるからこそ、キャバクラに行く」という大儀名分があるから楽です。

キャバクラは料金以外、全てコンフォータブルです。口説くのだって、別に付き合わなくてもいい。「1回お願いします」と、ひたすら拝み倒しても成立するし、なんか気まずくなったら、店を変えてほかのところに行けばいいだけの話。

肝心の料金だって、最近はガールズバーなど、1万円以内で収まる店も増えています。そうなると、水商売派の方に分があるんじゃないかと思います。

合コンの醍醐味は、その素人臭さがいいという人がいるけど、確かにそれは一理あります。けど素人で、結構可愛いコは、すでに仲間うちや会社で、ちやほやされまくりだから、合コンに出てきても「来てやった」ぐらいの感覚のコが多いです。クオリティ要員とも、見た目要員とも言うが、ひとり華のあるコがいないと、場が盛り上がらないから呼ばれているだけです。そこに向かってアプローチしても、ほとんど玉砕でしょうね。

その点キャバクラは、みんな可愛いし、本人に可愛いねえと言っても「この店みんな可愛いから、私なんか全然ダメ～凄くへこむの」と、心の奥底から、上には上がいるもんだなと思っており、謙虚なのです。

勘違いして天狗になっている素人ほど、はた迷惑なものはない。だから個人的には、謙虚なキャバクラ嬢のほうが断然いいと、切に思うのであります。

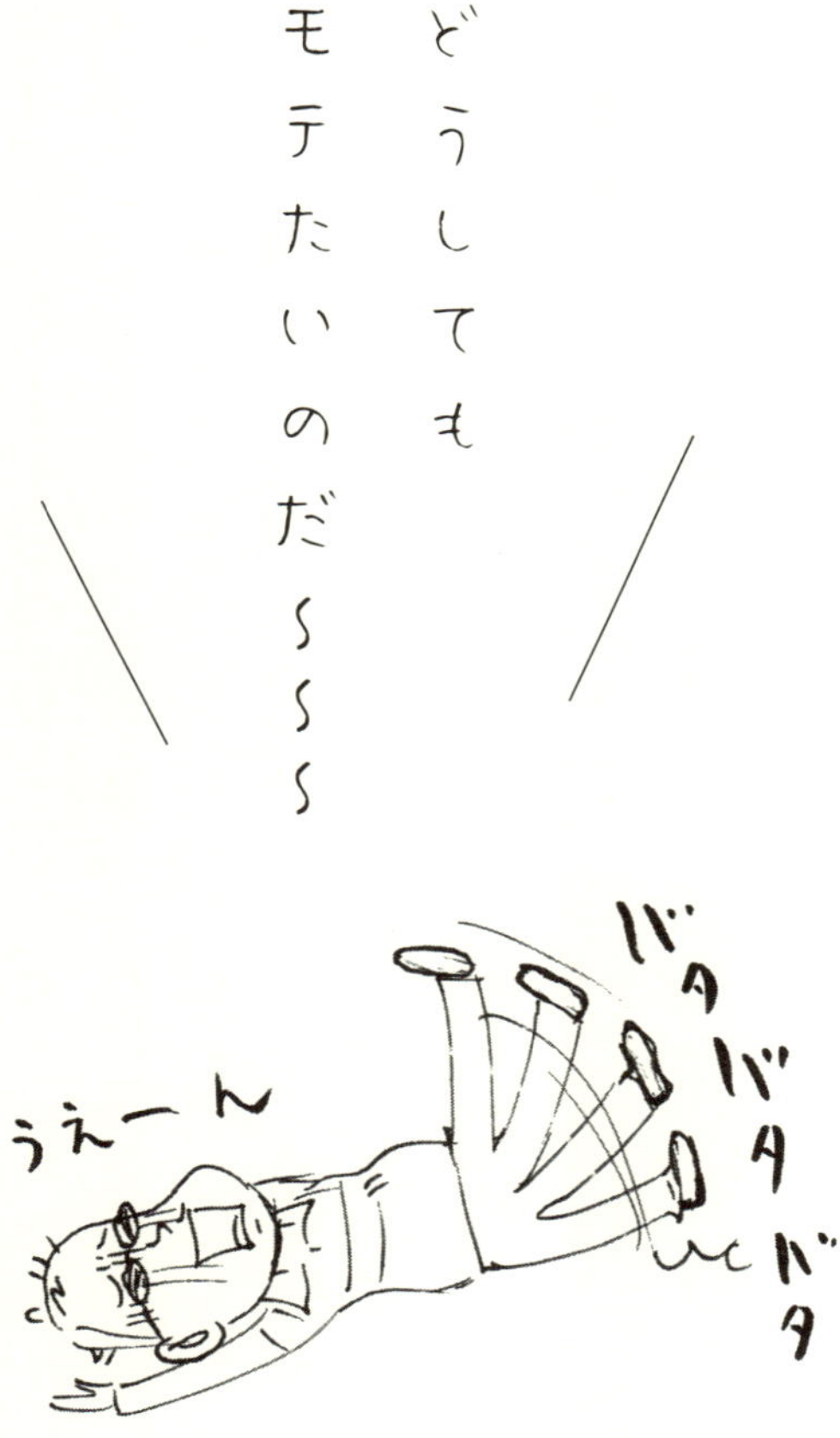
どうしても
モテたいのだ〜〜〜
バタバタバタ
うえーん

女性主導時代に活路、キャバ嬢は辞めギワを狙え

電気はヤマギワ、キャバクラ嬢は辞め際ですよ。

キャバクラ嬢と効率よく、仲良くなるのは、

柿の実が木からポロリと落ちるように、

辞め時を狙うテがあります。

収入減、将来に対する漠然とした不安などを、

オヤジの包容力で解消するがよろしい。

たまに、「もっと高い店に移るの、よろしく」ってコもいます。

そのときは、死んだフリをしましょう。

最近の男性向けの雑誌やネットは、女性の意見を聞くことが多くなっています。例えば「銀座の有名ママに聞く、デキる男の条件～スマートな飲み方とは?」とかね。この類の記事が非常に礼賛されています。

昔はちょっと方向性が違いました。1990年代の「ホットドッグプレス」や「GORO」や「プレーボーイ」では「このコは絶対デキる!しぐさで判別する完全攻略マニュアル」とか「夏の避暑地のナンパ100%成功作戦」とか。モロ肉食系の男子体育会系のオラオラのりだったのです。景気も良くて、小遣いもあった。女性もバブルで浮かれていたのでしょう。これはこれで、双方の思惑は一致し、マーケットが成立していました。

バブルが崩壊してリーマン・ショックが襲い、派遣社員の比率が増えてくると、男性が頭ごなしに、あるいは下からねっちり口説く作戦は、功を奏しなくなります。それは女性主導市場になったからです。つまり景気が悪く、男性陣が小粒になったので、女性から見ればドングリの背比べ状態に映るのです。どれも皆、こじんまりとまとまって魅力に欠けると。「じゃあ都合のいい男になってよ。私の言うことを聞いてくれるなら、考えてもいい」となってしまったのです。

でもねえ、銀座のママの話を真面目に聞いてもしょうがないですよ。「1杯だけ飲んで30万円払うお客さん、ほんと素敵ねえ」って。それはただの「やらずぼったくり」でしょう。店の経営者は、金勘定しか興味がありませんから。お金を払う人が偉いのは当たり前です。そりゃ何百万円単位でお金を払えば、口説ける女性をあてがわれますよ。お金のない方は実力で口説いて下さいとなるのです。

昨今の女性主導マーケットに半分、憤りつつも、それを認めなければならないのが実情です。銀座のクラブしかり、女性主導マーケットは六本木のキャバクラ、郊外のキャバクラにまで波及して、男性陣は甚大な被害をこうむっています。

「キャバクラに通えど通えど、我が成果上がらず、じっと薄い財布を見る」って、石川啄木ですか〜。

個人的な意見を言わしてもらえば、正攻法にキャバクラで口説くには莫大な予算と時間が必要です。同伴やアフターを繰り返し、イベントごとにプレゼントをしたりと、10回通ったとしても最低20万〜30万円はかかります。けど、それでも100%口説ける保証はありません。

つまり、キャバ嬢を正面突破で口説くには莫大なエネルギーも必要だし、リスクも背負わなければならないのです。

辞めそうな、やる気のないキャバ嬢を狙い撃ち

現役キャバクラ嬢は、ドラゴンボールでいえばスーパーサイヤ人状態です。キャバ嬢オーラ出まくりで、いくらこちらが「ハメハメ波」を出しても、多少字面が違いますが効果なし。これがキャバ嬢を辞めて、普通のＯＬに戻ればもはやクリリン状態ですから、ひとひねりってものです。

そこで発想を変え、別な角度での攻略方法を提案します。狙いは、ズバリこれです。

「電気は**ヤ**マギワ、キャバクラは辞めぎわ」

ヤマギワ電気はひとまず置いといて、キャバクラ嬢の辞めぎわは月収低下で不安だらけな場合が多いです。

ですから、たまにキャバクラに行ったら、週1～2回程度通うあまりやる気のないコとラインで繋がっておけばいいのです。あとは3か月に1回ぐらい、忘れられそうなタイミングで顔を出す。そして、また新しくやる気のないコを見つけてラインで繋がっておく。やる気ないコレクションが10人ぐらいになれば、誰からか「今月で店を辞めるんだけど、どうしよう〜」とメールが来ることがあります。

そこで、すかさず「ひとまず個人キャバクラをやろうよ。どうせ店を辞めるなら、店の飲み代分をあげるから外で飲もう」と言えば、8割方ついて来ます。だって、キャバ嬢はお客さんが店に来ても、指名代の3000円ぐらいしか手当てはもらえません。

それが個人キャバクラで2万円ゲットなら「かっぱぎ」ですよ。

この会合は食事だけですから、援助交際ではありません。店外でのキャバクラ、俗に言う「裏っぴき」というやつです。けど、一旦安易な行動で現金を握りしめた女性は、また同じ行為を繰り返してしまうんですね。

あとは推して知るべし。

女性主導マーケットですから、女性の方からいろいろ誘ってくるでしょう。

やる気のないキャバ嬢が店で働くのはせいぜい2〜3年と短い在籍期間です。けど、元キャバ嬢としては10年ぐらいは独身で生活します。その間、ゆるりと攻略できます。しかも狙う相手はホステスじゃなく、OLや派遣社員、アルバイト嬢ですから。ちょっとの出費で、多大な果実をもたらすというものですね。

キャバクラを10倍楽しむ、「さしすせそ」の極意

キャバクラで、あなたが気に入られたいなら、相手を誉めることです。

「凄く可愛い！モデルとかやっていない。

出ている雑誌があったら教えて」とね。

このように、猿もおだてりゃ木に登り、

キャバ嬢も褒めちぎれば、パンツを脱ぐってものです。

キャバクラはお金を払って、相手を喜ばすところ。

人間ができてないと、なかなか楽しめませんよ。

友だちとキャバクラに行って、
そいつに可愛いコがついたりすると、
ショックだよね!!
だから、ひとりで行くがよろしい

最近、合コン女子の間でこれだけ言ってれば、男は凄く喜ぶ魔法の言葉の「さしすせそ」がプチ蔓延中です。これが、なかなか的を得ているんですよ。内容はこうです。

・さすが～
・知らなかった～
・凄いですねぇ～
・センスいい～
・そうなんですか？

男ってバカですね。こんな簡単な言葉にコロリとやられてしまうのですから。全盛時の小林麻耶さんにブリブリ言われたら、全員「キュン死」ですね。

これを踏まえてキャバクラ業界の「さしすせそ」を考え、豊かなナイトライフの足しにしたいと思いますって、ほんまかいな。まずはキャバクラのママクラスの営業「さしすせそ」です。

・最近、ご無沙汰ねえ。どうせ、ほかの店に行って、油売っているんでしょ
・仕事忙しいもんね、いつも言い訳ばっかりよね
・少しは悪いと思ったら、ボトルでも入れてよ
・せっかく来たんだから、ゆっくりしてってね。(いればいるほど、こっちは儲かるんだから)
・そう、もう帰るの！今から新人の可愛いコを紹介しようと思ったのにさ～。さっさと帰れば～

となるわけで、ちょっと怖いですねえ。昔の付き合いっていうんですか？出世したママも扱いづらいですね。でも、こういう店に限って、時々新人で可愛いコがいるから困りもの。結局、つい行ってしまうんですね。

というわけで、理想の甘え上手なキャバ嬢の語る「さしすせそ」はこうです。

・さみしかった～、だって連絡くれないんだもん
・心配なの～あなたは、凄くモテるから

・好きって何回言っても、信用してくれないんだから、営業だと思っているんでしょ
・せめて、メールの返事ぐらいはしてね
・素っ気ないところも、ほんとは好き？罪な人ね～

キャバクラでモテてこう言われたいですね。けど、現実はなかなかどうして。もし言われても、本気にしないでしょ。単なる営業トークと捉えた方が無難だと思います。やはりキャバクラは男がお金を払って、女のコをチヤホヤするところなんですね。お客さん側の売れっ子キャバ嬢に対する「さしすせそ」をここで披露します。

・さすがナンバーワン、居るだけで華がありますね
・指名はキミだけだから、安心して
・すぐには結果を求めません、なが～く引っ張られるのも快感っす！
・せめて、あと10分長く席にいてね。もう人気者なんだから～
・そう、もう行っちゃうの。だったら来週同伴してもらえませんか。なんでこっちが頼むの、不条理やわ～

高めのいい女は、こっちが幾ら頑張っても、なかなか結果にコミットできません。しかも、綺麗事ばかりでこちらの押しが弱過ぎ。自分でも情けなくなります。その点、見てくれが普通のコに対しては、強気に本音で語れます。これぞキャバクラトークの醍醐味をとくとご覧あれ。お客さんがキャバ嬢に対しての本音トーク全開です。

・最近エッチしてないと言って、オレを安心させてないか？
・しつこいよ、オレは。狙ったら逃さないからね
・好きだ〜好きだ〜好きだ〜
・せこくてゴメン、1セットで帰っていい？
・そろそろ、エッチしてもいいかな？

なんか妙にすっきりしました。キャバクラはこうでなくちゃ。こういうことを堂々と、あからさまに言える人が、うまくいくんじゃないですか。キャバクラは客が何事もはっきり言わないと、話が前に進まない世界ですからね。

キャバクラでよくある美女と野獣パターン

キャバクラ自体が、すでに美女と野獣パターンなのが笑えます。
怖い顔のお客さんは敬遠されますが、実はロマンチストが多いのです。
ヤクザの組長がよく、猫を膝に乗せて可愛がっているでしょ。
さあ、キミも猫になって、野獣の懐に飛び込もう。
あなたの可愛さで、オヤジを悶死させようではありませんか。
そんな話を新人キャバ嬢に言ったら、
そのコは、なんとオヤジキラーになって大活躍。
言ってみるものですね。

映画「美女と野獣」がヒットしましたね。現実的には、あんな息が臭そうな野獣と、絶世の美女が交際するなんてあり得ません。そもそも豪邸に服を着て住む野獣そのものが、存在しないのですから。でも、似たようなことが水商売の世界、特にキャバクラでは日常茶飯事的に起きてます。

昔、キャバクラ嬢と仲良くなり、お客さんの話をよくするようになりました。そのときの会話は「あの席にいるお客さん、顔が凄く怖いんだけど、もし呼ばれたらどうしよう。泣いてしまうかも」というものでした。

おいおい、そこまで言うことないでしょう。顔がゴリラみたいだからこそ、キャバクラに来るわけなんだし。そういうとき、私はひとつのサジェスチョンをします。

「案外、これはチャンスかもよ。顔がおっかないからって、みんなが近寄らない。そこで、あなたが飛び込んでいけば、凄く太い客になってくれるかも」

そう言うと、キャバ嬢は「顔が怖いから、説教されそう」と、逃げ腰です。

「でも、あのお客さん、よく見かけるよね。ということは、キャバクラに自ら来店して、楽しもうとしているんじゃないの。普通に喋っていれば、それだけで喜ばれるよ」

彼女は「そうかなあ～」と言いつつも、チャンスがあったら、試してみると言っていました。後日、彼女と喋る機会を得ると、例の怖いおっさん話をしてきました。「あの怖い顔の人の席に、この前ついたのよ～。わざと、こっちから喋りかけてみたら、凄い喜んでくれて」

「な、言っただろ」

そのコワオモテのおじさんは「怖い顔をしているから、みんなびびって喋ろうとしないんだ」と、ぼやいていたそうです。そのキャバ嬢は誰も怖がって近づかない、おっさんをあえて狙うようにして、人気キャバ嬢になったのです。

キャバクラのお客さんは、自分が払ったお金に対してそれ相応の見返りを求めます。2万～3万円払ったら、それなりの満足感。すなわち「相手に受け入れられている」という受容欲求みたいなものを求めます。

でも毎回、そんなことが起こるわけでもなく、時には**オヤジ**のキャバクラ3大疾病「説教、愚痴、セクハラ」を行って、ウサを晴らしたりもします。それはキャバ嬢に受け入れられなかった代わりの、しっぺ返しなんですね。

美人は全てが得の法則とは

キャバ嬢が「あの、おっさんは凄く怖かった。ほとんど喋ってくれないし〜」と愚痴るのは、そのキャバ嬢のキャラクターや容姿がお客さんに受け入れられなかったからだと思います。やはり、さほど可愛くないキャバ嬢は無視されるか、イジられる運命なのかもしれません。あしからず。

ちなみに、もしエマ・ワトソン級の美女がキャバ嬢として席についたら、すかさず褒め言葉のオンパレードとなります。

「ワ〜ォ！」に始まってとにかく「可愛い」「綺麗」「顔が小さい」「肌が綺麗」「色が白い」「凄くモテるでしょ」「そんだけ綺麗だと、渋谷の街歩けないでしょ。スカウト多くて」「ほんとはどっか事務所入ってるでしょ」「どっかの雑誌に出てなかった？」「その目で見つめられると、ドキドキするなあ」とかね。

いいところを100万倍に増幅させて美辞麗句のオンパレード。美人キャバ嬢は、どうせ毎回そう言われているのですから、もの凄くたくさん褒めないと効果がないです。

「美人もおだてりゃ、パンツを脱ぐ」という感覚で誉め契るのです。

一方、さほど可愛くないキャバクラ嬢の場合は開口一番これですよ。

「キミ、最近エッチしたのいつ？」

「エッチはどちらかというと、好きだよね」

「キミ、パンティの色は何色、アヘアヘ〜、ちょっと変なおじさんやってみたかったんだよね」（やんなくても、充分変だから）

とまあ、美人キャバ嬢との落差がナイアガラの滝より凄いですから。

キャバクラの世界では、同じ行為をしても美人と不細工だと間逆の評価になります。お酒の注ぎ方がたどたどしいと美人さんには「いいねえ、初々しい。水商売慣れしてないのが、また凄く魅力的」となるわけです。

それが不細工なキャバ嬢だと「お前、酒の注ぎ方も知らんのか。何年やってんだ、この商売。わざとこぼして、売り上げ伸ばそうとしてないか？」と。そこまで言わなくてもねえ。

というわけで、キャバ嬢がよく「おっさんの客につくと、いつもエロ話で、死にたくなる〜」と言っているのですが、それは単に、あなたがとびきりの美人じゃないことを、証明されたようなものなのです。

「エロいおっさんこそ、美人の前じゃ、エロ話ができない」

わかります？これが男の純情ってもんですよ。

美人の前では
デレデレの法則ナリ
テヘヘ

ナンバーワンほど素敵な商売はない・高級クラブ編

銀座の高級クラブのナンバーワンの売り上げは、そりゃママですよ。

自分の子飼いのホステスを、長良川の鵜飼の鵜のように操り、

口に入れた福沢諭吉を、吐き出させます。

下の口はなんぼ使ってもいいけど、ガマ口だけは譲りません。

年を取ったホステスが金持ちママになれるのは、100分の1ぐらいの確率か。

まるで女王蜂が生まれる確率のようです。

じゃ、せっせとローヤルゼリーでも飲みましょうかって、そんなアホな。

日夜、夜のパトロールにいそしむ皆様。いよいよ水商売の一丁目一番地、銀座なら8丁目近辺にある高級クラブのナンバーワンを語りたいと思います。高級クラブは、何をもってナンバーワンとするのか。キャバクラと違って、それはズバリ売り上げ金額となります。

これまた高級クラブの料金システムと売り上げシステムは超難解。説明すると日が暮れるので、もの凄く簡単に説明します。

料金体系

クラブの明細を見ても、ほんと何が何やらです。基本はこうなっています。お客さんが1人ワンセットで座ると、ファーストセットとミネラルチャージで1万5000円ぐらい付きます。これに飲み物代を入れたものを「純売り上げ」と言います。ホステスの売り上げは、俗にいうこの「純」を目安に計算します。「あなた純で100万円あるの。大したもんだよ」とね。そんな日常会話がホステス同士で飛び交うわけです。

計算方法は微妙に店で違いますが、通常はこの「純」にテーブルチャージ、オールチャージ、ボーイチャージなどを足し、最後に税金やサービス料を4割ぐらい乗せて総額5万円ぐらいの支払いとなります。

銀座は「座って5万円、ボトルを入れて10万〜15万円」は嘘ではありません。しかも、この高いと言ってる料金が最低料金ですから。シャンパンや高級ワインを頼めば青天井。良い子の皆さんは、決して近づいてはいけません。

売り上げシステム

クラブで若くて可愛い20歳ぐらいのコが席についたとします。そういうコはヘルプ嬢といって、日給3万円程度か、場合によっては時給制の給与体系になります。そのコがなんぼ人気あろうが、ヘルプですから売り上げはゼロ。じゃあ、誰が売り上げを持って行くかというと、それが「純」を競う「ママ」や「チーママ」「ウリアゲ嬢」です。

お客さんは基本紹介制です。例えば、私が知り合いの社長に連れてってもらったとしましょう。社長の担当は永久指名のママ。私の隣についたのは、若くて綺麗なヘルプ嬢。その日は社長のオゴりで、タダで飲みましたが、私はそのヘルプ嬢を気に入ってしまった。じゃボトルを入れて、通おうとなるのですが、そのボトルの売り上げはママのものになります。

この場合、社長を樹木になぞらえると「幹」。私は社長が連れて来たお客さんで、幹についている「枝」となります。さらに、私が誰かを連れてくると、その人は「葉」の客になるのです。つまり、永久指名の元締めママが、部下にせっせと営業をさせて、末端の「枝葉」客までかっぱぐシステムです。どこぞの国のマルチ商法と似てなくもないですが。

パトロンいてのナンバーワンよね

というわけで、高級クラブのナンバーワンは、純で軽く1００万円を超える売れっ子のホステスです。純売り上げで1００万円ならば、総額は2００万〜3００万円ぐらいの売り上げになります。そうなると、細かい客を拾ってては、到底追いつきません。そこで登場するのが「太客」、あるいは「店カレ」とか「パトロン」という存在です。そういう方が売り上げの基礎部分を構築するのが、手っ取り早いのです。1００万円単位で、毎月お金を出せるとなると、たいがいオーナー社長になります。1回20万円ぐらいで飲んで、月2〜3回、通うのは当たり前。下請けのグループ企業も参加させて、売り上げを伸ばすのです。もちろん、そのレベルでは、チーママとは大人の関係になっていることが多いです。

クラブで一番喜ばれるのは、ほかのお客さんを沢山連れて来る場合です。ですから、イキのいいヘルプ嬢を取り揃え、取引先の「枝葉」となる社長連中を巻き込むのがベストです。噂も「あの店は、若くて綺麗なコばっかりで、しかも口説ける」と、評判になればしめたもの。色気たっぷりのチーママは、太客が連れて来た、遊び人社長の分の売り上げも吸い取り、ナンバーワンの称号を得るのです。

日本の三大高級クラブ街といえば、東京銀座、大阪北新地、京都祇園と相場が決まっていますが、結構あなどれないのが祇園です。あそこはクラブ街と舞妓、芸妓のお茶屋街に分かれていて、総じて祇園と呼びます。

祇園の怖いのは1000年の都ゆえ、毎週年中行事があることです。その都度、何かしらのイベントがホステスとお茶屋の両方から攻めてくる。都踊りといえば、「綺麗なべべを買ってあげなきゃ、はいご祝儀」とかね。葵祭、祇園祭、時代祭の三大祭りに始まり、大文字焼き、花見、七夕、紅葉、など延々に歳時記が続きます。これは、文豪・谷崎潤一郎が描いた美人四姉妹の物語「細雪」のリアルな再現といえましょう。ほんとお金がいくらあっても足りません。

もちろん外部の人間は、なかなかそこに入り込めませんが、運よく入っても恐ろしいレートに後ずさりします。京都のナンバーワン嬢と付き合った、某男性は、別れるときにあるものをせがまれました。


「思い出が欲しいの〜」

「思い出ってなんや、着ものか、宝石か?」

「うう〜ん、お・う・ち」

あほか〜。噂では払ったらしいですけど。粋に生きるってほんと大変なことですね〜。

ナンバーワンほど素敵な商売はない・キャバクラ編

キャバクラでナンバーワン嬢の誕生日に行くほど、マヌケな行為はないです。

ナンバーワン嬢が席につくのがたった3分。

それでお祝いのシャンパンを開けて5万円なり。

しかも、オレだけがナンバーワン嬢の秘密を知っている。

そして、やっているやつが、この店にいるかも。

そうやって疑心暗鬼の目を、店中のオヤジ客に投げかけるのです。

キャバクラとは、決して後悔しないところ。

そう自分に言い聞かせるのでした。

過去に、国際派俳優がナンバーワン元ホステスと、熱愛のニュースがありました。というわけで、水商売のナンバーワンっていったい何でしょうか？この素朴な疑問に答えたいと思います。

水商売の世界では、そのお店で一番の売れっコをナンバーワンと呼びます。もちろんナンバー2、3と続くのですが、みなさんそれなりに魅力的です。ナンバーワンは綺麗でオーラがあるから、すぐ分かる場合もありますが、案外普通っぽい女性もナンバーワンだったりするのです。アイドルユニットのセンターにしても「なぜこのコが真ん中にいるの」って場合はありますよね。

夜遊びをしている仲間連中では、お約束のナンバーワンあるあるがあります。すでに、その店のナンバーワンの顔を確認しています。なんと太い客と思われたのか、そのナンバーワン嬢が席についた。早速、出会い頭のカウンターパンチを浴びせます。「いい店だね、キミさ、この店のナンバーワンを呼んでよ」と言うと、そのテーブルに座っていた女性が申し訳なさそうに「私、なんですけど～」という返答が。それから、まんじりともしない夜を過ごしたのは言うまでもありません。実際、そういう光景を目撃したことがあるのですが、デキた女性は「お前がナンバーワンかよって、よく言われるんです」と、ネタにして見事にかわします。

「うちはナンバーの数が多いほど可愛い、変わった店なんです」

これぐらい懐の深さを見せてこそ、ナンバーワンといえるでしょう。

さて、ナンバーワンはどんな仕組みで稼ぎ、どんな生活をしているのか？今回は、わかりやすいキャバクラのお話を紹介します。

キャバクラの場合のナンバーワンは、ずばり指名の本数と同伴の数です。あらかじめ呼ぶと決めてリクエストするのが「本指名」、お店で「あのコ可愛いね、呼んでよ」というのが「場内指名」です。売れっ子は、間違いなく本指名が圧倒的に多いです。「同伴」は一緒にゴハンを食べて、キャバクラに行くという風習です。それぞれポイントにして、例えば場内指名が1、本指名2、同伴が3ポイントとし、そのトータルを競うというわけです。

月収200万円を稼ぐナンバーワン嬢もいた

昔、新宿の某ナンバーワン嬢は1日の指名本数がだいたい15本以上。同伴はほぼ毎日という生活を週6日しておりました。こうなると付け回しがナンバーワン嬢に対して、「次のテーブルへ」と催促出来ません。だいたい15人を相手に喋ると、持ち時間は1人10分ないですから。だから自分で適当に頃あいを見計って、席に立つそうです。でも15人と均等に喋るのは物理的に無理です。最後は、気のいいおじいちゃんが数名残り「ごめんなさい、今日は挨拶だけで～」と言うや「いいよ、また今度、時間の空いているときに、ゆっくり会おうよ」って、終わらせるとか。

当時の彼女の収入は月２００万円以上。５０００万円貯めてマンション買うと言っていましたが、「現金で買うと、怪しんで税務署が来るから、止めた方がいいよ」とだけ言っておきましたが、今頃は引退してるでしょうね。

続いて六本木のナンバーワンキャバ嬢のお話ですが、これは規模がデカいです。関西系の有名キャバクラチェーンが東京圏に7店舗出店していました。私の知り合いのナンバーワン嬢はその7店舗の中でナンバーワンを競わされて、見事、東京で一番のキャバクラ嬢になったのです。証拠にとスマホに順位表がずら～と貼られており、それを見せてもらいました。１００人ぐらいの順位が並んでて、その中の1位って壮観でした。

その後の展開も驚きで、今度は関西のチェーン店を含めて約１００軒のナンバーワンを決めるイベントがあり、そこにもエントリー。なんと見事ナンバーワンを達成し、ご褒美は大阪に新幹線のグリーン車に乗って、表彰式に出席したそうです。

2人のナンバーワン嬢を紹介したけど、どちらも飛びきりの美人というわけではないです。けどチャーミングで、人間として非常に魅力があります。有名店でナンバーワンになると、ナンバーワンバブルが起きるそうです。「この店のナンバーワンを見てみたい」というだけで、指名がボンボン入る。しかも、お金を持っているワガママな客は「ナンバーワンと飲んでいる自分が好き」というパターンが多いそうです。だからますますナンバーワンが、人気となっていくのです。

とはいえ、本人の努力というのもスゴく大事です。通常はマメにメールをくれるし、客側の接待とか誕生日とかは仕切りまくって、完璧にこなしますから。六本木のナンバーワン嬢には「誕生日を祝ってあげるから来てよ」と言われ「やだよ、高い金払って、いいことないじゃん」と逃げていたのですが、「ちゃんと仕切るからさ」と言われて、しぶしぶ行くことに。そのナンバーワン嬢はあらかじめ予算を決めておいて、4万円で飲み放題、お祝いのシャンパン、フルーツ山盛り、そしてケーキまでつけての大サービスでした。まあ、そこまでされればね、こちらとしても悪い気はしません。

そんなわけで、大型店や有名店のナンバーワン嬢は魅力満載で、知ってて何かと便利なこともあります。最近会いに行けるアイドルってのが流行ってますが、キャバクラは、ナンバーワンだろうが、地味なコだろうが、平等に指名できて、お喋りができる。だったらナンバーワンを呼んだほうがいいかも、そういうことですね。

うーむ
ナンバー48とかいるのか？
それを果たして愛せるか？

街に潜む、キャバクラ嬢の見つけ方

街を歩く可愛い女のコは、ほぼ全員キャバクラ体験ありと考えた方がいいです。

渋谷や新宿などを歩いていれば、可愛いコはスカウトに声をかけられます。

店は3日間、体験入店のシステムがあります。

接客が苦手なコは、クロークやエスコートで、まず働くもありです。

キャバクラ側が、可愛いコを離してくれないのです。

とはいえ、賑やかな街を歩かない美人もいますからね。

街に潜む、隠れキャバ嬢の見つけ方を学びましょう。

最近の若者は、そもそもキャバクラが嫌いなようで、時間と金の無駄と思ってるそうです。けど、タダなら行ってみたい人は結構おり、そこはちゃっかりしております。

というわけで、キャバクラが嫌いとお嘆きの諸兄、いいネタがありますよ。最近、AV嬢が10人に1人なんていわれる時代、キャバクラ嬢はポケモンGOのモンスター並みに街をうろついています。まず「可愛いコを見たら、キャバ嬢と思え」説は、半分ぐらい当たっているでしょう。

せっかくキャバ嬢が、サークルやバイト先、勤務先、取引先に隠れて生息しているのですから、それを見つけ出して、捕獲しましょう、なんのことやら。

気になるコが、キャバ嬢&元キャバ嬢であるかどうかを手っ取り早く見つけるには、サークルや会社などで飲み会を開けばいいのです。お酒も入って、周囲は男性だらけ、これはふと、昔の癖が出てもおかしくないです。

よくいわれるのはキャバクラ用語。「ゲスタン（ゲストのタンブラー）」「ツメシボ（冷たいおしぼり）」「ピンドン（ピンクのドンペリ）」などを言って、反応を伺うというのがありますが、使い古されています。むしろ言葉を使わずジェスチャーで表し、理解したら、キャバ嬢の可能性が高いです。

例えば、両手で四角を作ると灰皿。「これ持って来て」と言っただけで、理解したらそれはキャバ嬢です。普通、素人さんは分からないでしょう。おしぼりは、両手で握るそぶりをすればいい。ライターやタバコのジェスチャーは、一般の人でも分かるから、こちらへんから、徐々に攻めてみるのもテです。

タバコでいうと、一度火をつけてもらうのもありかなと。意識の高い女性は、「なんで、そんなことをしなきゃならないの」というかもしれません。それはキャバ嬢じゃないです。タバコの火は、タバコとの距離、火の加減とか、慣れてないとできない。タバコを吸わない女性で、1回で火をスマートにつけれたら、キャバ嬢の可能性は大です。

盛り上がって来たところで、「じゃ景気づけにシャンパンでも頼もうか、お〜ドンペリが1万円って、安くないか〜」こう振って、「それ安すぎだよ」みたいなリアクションがあれば、かなりキャバ嬢臭いです。

キャバクラ相場でいうと、ドンペリの白は、6万〜7万円、ピンクは12万〜15万円。そんなの知ってること自体が怪しいですから。

さらに宴会で、一気飲みゲームをやり、強かったらキャバ嬢！彼女らは、客に飲ませるのが仕事。さらに男性が潰れかけて、代わりに飲んでくれたら、ますますキャバ嬢臭い。彼女らは、トータルで飲んで幾らの仕事ですから。さらに、仕事の話をしてみる。「そういえばキミの『担当』は誰なの？」と、唐突に振ってみる。キャバクラでは、直属の上司というか、出勤関係のオペレーションをしてくれる人を担当といいます。相手が迷わず、「担当は、鈴木さんです」なんて言ったら、もろキャバ嬢。普通は「担当？上司のことですか」って、聞き返してきます。さらにやる気のないコを見つけたら、女子用のトイレに棒グラフで、成績表を貼り付けるプランを提案する。俄然、燃え出したら、そのコはキャバ嬢！って、その前に、誰が女子トイレに貼るかが問題ですけど。

キャバ嬢がやってしまいそうな数々

ほかにもキャバ嬢にありがちな行為があります。

1　給料日にハンコを押したがる

今どき会社で給料日にハンコいりませんから。給料の明細渡すときに、ハンコ押した？とカマかけるのもいいかもしれません。

2　銀座のタクシールールに詳しい

銀座での接待の帰り、夜タクシーを捕まえようとするとき、なかなかタクシーが止まらないなと、わざとぼやく。そのとき「銀座は夜10時以降、タクシー乗り場からの乗車ですよ」なんて言った日には、絶対このコは、元銀座のホステス。普通のコはそんなルール知らないもんね。

3　「銀座アフター」とわざと間違えて言う

銀座アスターっていう中華レストランを、わざと間違えて「あそこ美味しいんだよな、銀座アフター」と言って、相手が笑ったら、そのコは絶対キャバ嬢！

4　年中行事が好き

キャバ嬢はやたら年中行事が好き。七夕祭りにハロウィン、クリスマスなどテンションがアゲアゲ。ハイテンションなところで「来週の浴衣祭り、準備いいか？」と突然聞いて、「大丈夫っす」なんて言ったら、そのコはキャバ嬢！キャバ嬢は、七夕祭りを浴衣祭りと認識してるから。

5　オフィスラブの話で「風紀」という言葉を使う

「2課の高橋さんと、営業の上野さん、風紀だって」と言って、理解したら、そのコはキャバ嬢! 風紀はキャバ嬢と従業員が付き合う事。水商売で使う言葉です。

6　ビンゴ大会でビンゴカードをたくさん持ち出す

何かのパーティでビンゴをやり始め、ビンゴカードを沢山持ちだしたら、そのコはキャバ嬢! 一般社会じゃビンゴカードはひとり1枚、キャバクラ界じゃ、キャバ嬢はお客におねだりして、10枚ぐらい持つから、昔の癖が出てしまっているんですな。

というわけでキャバ嬢を発見したら、鑑賞して楽しむよし、SNSで盛り上げるもよし、口説くもよしですぞ。ただ「今度デートしよう」と言ったら、キャバクラの名刺渡され「ここで会おうね」と言われた人いますから、それだけは勘弁願いたいです。

キャバクラに行けなくなった君へ

昔キャバクラに行ってたけど、今は行ってない人が結構いますね。
理由は収入が減った、枯れてしまった、風俗の方が確実だ、などなど。
いろいろ事情はありましょうが、
行けないなら、行けないなりの策があります。
映画「ブレードランナー２０４９」じゃ、バァーチャルな恋人が、
エアーでいいことをしてくれますが、それはそれで楽しそうです。
遠い未来を語っても仕方ないです。
今はそれなりの対処を、一緒に考えましょう。

人気作家・朝井リョウさんの著作から拝借して、状況を説明しますと「木村、キャバクラ辞めるってよ」と、まあこんな感じでしょうか。

人生山あり谷ありです。今の時代、そんなに頻繁にキャバクラに通えません。昔は、年に100回ぐらい行ったのですが、今は月に1回も行きません、年に数回って感じでしょうか。でも、そこそこ人生楽しいです。その秘密と謎を追求してみましょう。

1 一期一会～買い物作戦

キャバクラは通ってキャバ嬢に求愛行為をしてなんぼの世界です。「凄く好きだあ～1回お願いします」「だめよ～まずは同伴からよ～」と、非常にまどろっこしいのです。

そこでたった1回だけ店に行って、なんとかしようと企てましょう。例えばこんなアプローチの仕方があります。

「親戚にハタチの姪がいてさ。誕生日のお祝いに服を買ってやる約束したのよ。下見するからつきあってくれない。お礼に好きな服買っていいから」

1万～2万円の服を買ってやるから、ファッションビルにつきあえと言えば、案外、ついてくるものです。まずは場外に連れ出し、そこから乱闘じゃないし、乱交でもない。

そうそう、ランデブーって、フランク永井かよ。買い物の後、ついでに食事をして、アルコールでも飲めば、ただのデートじゃないか。あとは腕次第、検討を祈ります。

2　一期一会～合コン作戦

キャバ嬢たちは表面上客をうざがっていますが、本音を言えば、使える男がいないか物色をしています。だから、たった1回のキャバクラでも美味しいネタをちらつかせれば、外で会うことが可能です。例えば「君の会いたい職業の人いる?·連れて来るから、今度飲み会をしよう」と言って、合コンを開けばいいのです。

人気職種は有名美容室勤務の人です。カリスマ美容師でなくてもいいです。有名ヘアサロンに勤めていれば、今後割引で、しかも顔パスで出入りできるし、可愛いコならヘアモデルとしても参加できます。実際、青山の有名ヘアサロンにキャバ嬢を何人も紹介しましたが、双方からマジで感謝されました。

ほかに繋がりたいのは、アパレル関係で割引が利く人やマスコミ関係ではファッション誌、コスメ誌に携わっているスタッフが人気です。とにかくキャバ嬢にメリットがある職種なら、みんなホイホイついて来ます。そういうチャンスデーのために、日頃カタカナ関係の仕事に携わっている人たちと友達になっておきましょう。

もちろん著名人は別格です。某プロ野球の2軍と合コンという話があって「パ・リーグの2軍だよ~行くわけないじゃん」と、キャバ嬢は嫌そうな顔をしていたのに、蓋を開けたら、みんな参加していました。有名人の知り合いは効果が絶大です。

3 お値ごろのガールズバーに行く

遊興費激減の昨今、キャバクラよりは半分の予算で楽しめるガールズバーにシフトを変える作戦はいかがでしょう。実際、ガールズバーの女のコのほうが若くて可愛いコが多いです。じゃ、最初からガールズバーに行けばいいじゃんという意見もあります。しかし、ガールズバーの女のコはあくまでバーの従業員。「キャバ嬢と一緒にしないで」という意識のコが多いです。つまり、それだけ口説きにくいのです。「もともとキャバクラでも、口説けていないからさ」という草食系の方はガールズバーで思い切り若いコに翻弄されましょう。あくまで肉食系にこだわるなら、次の方法です。

4　出会い系や風俗に行く

これは、生き方や考え方の違いがあるかもしれません。お金を出して、最初から答えを導き出す方法は口説く過程を楽しむ方にとって、物足りないでしょう。けど、このテの商売に対して、食わず嫌いな方が多いのも事実です。一度、騙されたと思って行ってみて下さい。1万円ちょっとの出費で、めくるめく世界が展開されますから。容姿もキャバ嬢にひけをとりません。むしろ、キャバ嬢より優れているコがいたりします。

なんと風俗の楽なことか。座っているだけで官能の世界を堪能できるのです。精神的に物足りない方はスマホの恋愛育成ゲームでもやって、渇きを満たしましょう。擬似恋愛と官能行為を分業させるのは、結構アリだと思いますよ。

5　昔の名前で出ています作戦

もうキャバクラに行かなくなって、2年経ったなんて方もいますね。丁度いい頃合いです。昔もらったキャバ嬢の名刺の連絡先に片っ端から連絡してみましょう。すると、意外な人生模様が垣間見えます。一番多いのは、相変わらずキャバ嬢をしているのと連絡先が変わって音信不通になっているコです。そういう人はパスして、狙うは「キャバ嬢を辞めたコ」です。10人に連絡すれば、2〜3割の確率でそんなコがいます。そして、キャバクラを引退したコはカタギに戻っているので、経済的に苦しいはずです。そこからはあなたの腕の見せ所。「今後の人生展開を相談しよう」と、美味しいレストランに誘えば、結構ついて来ます。後はいろいろ相談して下さい。

ポイントは、引退したコの本名に対して口説くのではなく、あくまでキャバ嬢時代の源氏名に対して、アプローチをすることです。だから大胆な行動も出来ます。お互い欲しているものをエヴァンゲリオンのように「補完計画しよう」と言えば、自ずと道は開けるでしょう。これぞ小林旭直伝!?「昔の名前で出ています作戦」の全貌です。ほんまかいな。

社会・オピニオン 3

最近のインターネットやＳＮＳじゃ、
保守から左翼まで、皆さん好きな意見を言いまくってますなあ。
右や左の旦那さまと来たもんだ。
日本人が、これだけ議論好きだとは思いませんでした。
歳をとると、さらに暇になり、誰かに議論を吹っ掛けたくなるんですよ。
議論はタダですからね。
そういうときのために、理論武装をして、
自分の立ち位置をはっきりさせておきましょう。
考える時間だけは、山ほどありますから。

官僚も通う出会いバーは忖度の場だった

前川さんの出会い系バー通いを、けしからんと言う人と、これは社会の真実を知る上で、大事だと言っている連中とに、分かれました。

でも出会い系バーって、非常にいかがわしいところですよ。

そこで、若い娘に慕われるって、「フーテンの寅さん」じゃないんだから。

風俗まがいの店で、友達づきあいはないでしょ。

前川さんの最大の功績は、出会い系バー通いを、カミさんに見つかっても、社会勉強だからと、言い逃れできることにした、これですね。

元官僚が歌舞伎町の出会い系バーに、通っていたと話題ですが、出会い系バーって、どんな所でしょう。何度か取材しているので、その体験をもとに報告します。

まず男性客は身元証明をして会員になります。今多いのは、携帯番号をチェックするもの。だから格安スマホを買えば、番号を登録して、偽名でも会員になれます。

システムは入店料と女性とマッチングして会話を楽しみ、5000円ぐらい。女性をマジックミラー越しに見た後、ボーイにメモを渡してコンタクトすることが多いです。

マッチングが成立すると、会話ブースに移り、そこで相手の気持ちを推し量って会話を進める、すなわち「忖度」が行われます。忖度は官僚や政治家が得意ですから、交渉もスムーズに進むことでしょう。市場の仲買人のように、指何本かを示して、忖度を推し量るのは、結構ありの世界です。ちなみに店内で、エッチなことはありません。

それでは、どんな女性が来るのでしょう？約半分は会話のみを楽しむ、好奇心旺盛なコが来ます。店には「店外デート」として連れだすときに、2000円程度の斡旋料を払います。店外デートはもちろん、食事のみでもいいのです。ただ常識的に食事でも、5000円程度のチップを女性に払う、それがマナーです。

半分ぐらいは、食事を超えた関係も可能ですが、案外多いのが、長期的な愛人関係を求む女性達です。つまり毎回店に行って、どこかのおっさんと、ふしだらなことをするのは、精神的にもしんどい。ならば月1回幾らでつきあってくれる、ジェントルマンがいたら、それが楽と考えるわけです。

そして2～3割の女性は、交渉次第で「ワリキリ」交際が可能かも。以前取材したときは、「ベタベタなおっさんなら5で、イケてる30代なら3だね」と、言ってました。そういう鉄砲玉みたいなコは、当日、絶対お金が必要なコで、ローンの支払日にやって来るようです。ということは25日や月末が狙い目なのか？

違法の店ではないにしても、社会的にはあまりよろしくない雰囲気です。セキュリティーの意味でも、危ないでしょ。女性は、無料で店に出入りできますが、給料もなく、男性客がくれる小遣いが頼みです。元官僚は「貧困の調査」と言ってますが、食事のみにしろ、小遣いをあげて「援助的交際」をしたのです。教育界トップのする行為ではないですよね。

東京五輪ゴルフ場に霞ヶ関ＣＣはダメ

２０２０年の東京オリンピックのゴルフ開催コースは、
霞ヶ関カンツリー倶楽部に決まりました。
けど決定過程が不透明、真夏に埼玉の内陸部でやることの危険性、
晴海の選手村から遠いという不便さなどがあり、
未だ反対意見を言う人がいます。
けど、トランプ大統領がやってきて、
安倍さんと霞ヶ関ＣＣでゴルフをしてしまった。
いろいろ問題があるけど、
霞ヶ関ＣＣは変更しませんというアピールでしょう。
オリンピック開催中、みんなが熱中症で倒れないことを祈ります。

大分前ですが、東京都議会選挙で都民ファーストの会が圧勝しました。これにより、好きな意見が言える雰囲気となりました。

というわけで、蒸し返すようですが、東京オリンピックのゴルフ会場、「霞ヶ関カンツリー倶楽部」（埼玉県川越市）の撤回を申し入れます。なぜそうなのか？今から理由を述べますので、皆さんも一緒に考えましょう。

1　真夏の埼玉は不適

日本のゴルフのトーナメントは、8月に関東で主要なツアーをしません。みんな北海道や軽井沢へ場所を移します。酷暑を避けての当然の行為です。なんで東京オリンピックだけ、埼玉の内陸部の気温、40℃近くの場所でするのか？謎です。

多くのプロゴルファーや700万人のゴルフファンも、常識的に考えて、埼玉案は無理と知っています。五輪関係者は国際規格のチャンピオンコースでやると、コースの自慢話ばかり。プレーヤーの体調維持やギャラリーの健康のことを考えないんですかね。

2　決定過程が不透明

「私が霞ヶ関ＣＣでオリンピックの開催を決めました」という人を見たことがないです。もしいたら、ぜひ公開討論会をしたいです。この決定こそ、密室の政治主導で、関係者の利益誘導だけを考えての行動でしょう。霞ヶ関ＣＣは「森友、加計に次ぐ第三の疑惑」です。

安倍晋三首相はゴルフ好きですから、会場は危険と気づいているはずです。ただトボけているだけでしょう。もし開催したら、熱中症の選手が続出するんじゃないですか。ギャラリーは試合当日、クラブハウスに入れませんから、屋外で半日過ごします。トイレは簡易トイレを使用し、匂いも気になります。ピーカンも困りものですが、急な雷雨も悲惨。どう考えても、リスキーです。

安倍首相には、今夏、酷暑の霞ヶ関ＣＣで、森元首相と一緒に視察プレーをしていただきたい。ちなみにオリンピックのプレーは、短パン禁止ですから、お忘れなく。パンツはビショビショですな。

3　理想のプランは？

東京オリンピックですから、まず東京でやるべきです。でなかったら、最寄りの避暑地で。東京で唯一、浜風で涼しいのは、若洲ゴルフリンクス。ここは狭くて観客が入らないというなら、「軽井沢72」ゴルフ場でしょう。軽井沢駅前の立地で、ホテルも充実しています。

この疑惑解明は、小池知事が唯一の頼みです。霞ヶ関ＣＣを会場に決定した関係者を呼び、公聴会を開催していただきたいです。

なんだその変テコな
打ち方は？
オリンピックは
フォームまで
チェック!?
ドシッ
ピョコン

車上荒らしに3回あった男。
警察の対応が年々鈍い

昔の警察の軽犯罪における検挙率は5割弱でした。
今は2割程度ともいわれています。
現代社会においては、高性能の監視カメラが沢山あるのに、
おかしいじゃないですか。
もっと監視カメラの有効利用をして、検挙率をあげないといけません。
未だいちいち個別に監視カメラを見ている警察もねえ。
ネットで連携すれば、すぐに犯人を追えるのに。
警察組織のIT化、IOT化を切に望みます

犯罪を防止する法律が話題ですが、こちらとしてはすでに起こった犯罪の検挙率を、なんとか上げて頂きたい、そう思うこの頃です。

日本の軽犯罪、窃盗や置きひき、器物破損などの検挙率ってご存知ですか。一般的には2割強といわれています。約8割がスルーされ、犯人が捕まらないそうです。

昔は軽犯罪でも検挙率は5割ぐらいあったのです。軽犯罪が爆発的に増大しているかといえば、そうでもないし。防犯カメラも以前よりはたくさん配置されていますし、もうちょっと頑張れば、検挙率が上がると思うのですけど、そこのところはいかがなものでしょう。

個人的な体験として、過去20年間、車上荒らしや自転車盗難などの軽犯罪に遭遇し、どんな対処を受けてきたかを報告し、今後どうすればいいか、考えたいと思います。

約20年前、生まれて初めての、車上荒らしに遭遇しました。屋外の駐車場に停めていたのですが、車に乗ろうと、夜中に行ったらサイドのガラスが割られていました。

即座に110番通報をすると、ものの5分ぐらいで警察が来ました。しかも、ドラマ「相棒」で活躍している、六角精児みたいな、鑑識までやって来て、耳かきの逆側についている、ポンポンで指紋採取をしていましたから。結局犯人は捕まりませんでしたが、いろいろやってくれた感はあり、個人的には満足でした。

2回目の車上荒らしは15年ぐらい前、ファミリーレストランの駐車場で食事中にやられました。そのときは、カバンを車に置いてて、それを狙った模様です。財布は入れてませんでしたが、カバンにはシステム手帳が入ってて、丸ごと盗まれました。手帳にはキャッシング機能のある、クレジットカードが挟んであり、それも盗まれました。あとで、カード会社から何十万円の請求が来て、これが目的だったのかと分かった次第。失ったカバンは半年後に、どこぞの公園の芝生に落ちてて、無事戻って来ました。カード被害も保険で補い、実質の被害は車のガラスの修理代ですか。それも保険がおりたので、実質は手間賃と面倒な手続きだけでしたけど。

一方、ファミレス事件のとき、警察の対応は、以前よりは速くないですが、やって来て防犯カメラを見ると言って、去って行きました。後で聞きに行ったら、はっきり映ってませんが、「東南アジア系の外国人じゃないか」と言われました。話はそれでおしまい。防犯カメラ全然役立たないじゃん。

3度目の車上荒らしって、よくまあ車上荒らしに遭うもんですなあ。駒沢通り沿いの通行量の多い所で、約10年前にやられましたが、今度は警察に連絡しても、全然来てくれません。何度か催促したけど、ちょっと出払ってとかいって。多分タイミングが悪かったんだと思います。そのときは健康雑誌の撮影用のバランスボールなどのグッズを山盛り積んでいて、それを誰かが宝の山と勘違いして、車上荒らしをした模様。ご丁寧に健康グッズを歩道に並べて置いてありました。盗まないなら、車のガラス割るなって。被害状況を調べている間、しばらく警察を待っていたのですが、全然来ません。もう夜中も明け方だったので、しびれを切らして、家に帰ってしまいました。どうせ犯人は捕まらないしね。もう諦めの境地ですわ。とまあ、このように車上荒らしなどの、軽犯罪に対する警察側のリアクションが、年々鈍くなっている。これが現状だと思います。

監視カメラの効率的運営を

しばらく車上荒らしがないと思っていたら、去年自転車を盗まれて。東急沿線の某商店街で、わずか10分ぐらい、鍵をかけずに買い物をしていたら、やられてしまいました。現場を見ると、防犯カメラが多数あったので、警察に行って、被害届を出すと同時に、防犯カメラでチェックして下さいと言っておきました。後日連絡があると、「白ワイシャツを着たサラリーマン風の人間が、乗って行った」と言うのです。一応カメラは見たんだ。けどそれから防犯カメラで追わないんだ。その犯人をほかの防犯カメラで追っていけば、だいたいの居場所が分かるんだけど。

まあ無理な話だよねえ。警察も暇じゃないから、いちいち商店街の防犯カメラを全部見るって無理な話ですよ。自転車は3か月ぐらいしてから、回収センターに届けられていて、無事戻って来ました。

結論としては、もはやスマホで4K映像が撮れる時代ですから、もっと防犯カメラの精度を上げて欲しいです。そして、防犯カメラ同士の連携が出来て、マーキングしたら、自動で追尾出来れば、わりと簡単に、犯人の住んでいるエリアが分かると思うのですが。トム・クルーズが出演している、SF映画の世界かも知れませんが、車の自動運転ができる時代ですから、できないことはないと思います。

個人情報の保護など難しい側面もありますが、IOT全盛の今、どこかのセキュリティ企業が、やってくれないかなと思います。監視カメラのあるところでの軽犯罪は捕まる率が高いぞと、アピール出来れば、未然に防げると思います。いかがでしょうか。

若者のクルマ離れだけが原因じゃない、ドライブデート衰退の理由

若かりし頃の、くるまへの憧れはなんだったのでしょう。
地方はくるまが必需品だけど、現代の都会じゃいらないものね。
お酒を飲んでしまうデートは、くるまが使えない。
お酒を飲まないデートは、今の時代、基本あり得ないでしょう。
だからクルマは、さほど必要アイテムじゃなくなったのです。
チャイルドシートを、後部座席につけているオジサンにとっては
家族サービスのためのくるまにしか、過ぎないのですよね。

最近、カップルが車に乗って、ドライブしたなんて話をあまり聞きません。そう書くと「車離れの若者が増えているから」という意見が出ます。都会では当たってますが、地方じゃ車は生活必需品で、大概の人は持っています。田舎は車がないと、何もできないですから。というわけで、この「ドライブデート」の衰退を多方面から検証してみます。

1　死語化した言葉について

若い男女は休みともなれば、観光地に車で行ったり食事したり、カラオケやラウンドワンに行ったりすることでしょう。ただその行為を表す言葉「ドライブ」や「デート」があまり使われません。ほとんど死語化しています。今デートをしているという自分が気恥かしいというか。「ドライブ中」なら「移動中」という表現ですよね。

最近「合コン」も死後になり、今はただの「飲み会」。本質をつく言葉は生々しく感じるんじゃないですか。「ドライブ」「カップル」「合コン」「デート」は自意識過剰になるから、さほど頻繁に使われないようです。関係ないけど「パンティ」も言わないですね。これは言わせる言葉か？昭和のおじさんはその言葉を聞いただけで、かなり興奮出来たのですが、非常に残念です。

2　大都市圏での若者の車離れ

東京や名古屋、大阪などの大都市圏の話をしましょう。大都市圏で車を持つと、経済的にかなりの負担を強いられます。実家ならともかく一人暮らしで車を買うとなると、中古車でも車のローンが3万円ぐらいかかります。さらに保険料や駐車場代、ガソリン代やETC代の維持費を考えると、月6万〜8万円ぐらい飛んでいきます。

今は非正規雇用全盛で格安スマホが売れている時代。車を買う以前に生活に追われがちです。だから、車は経済的に余裕のある人しか持てません。そもそも、飲酒運転の取り締まりが厳しくなったので、お酒を飲んでから車でどこかに行くなんてことは、100%不可能です。今の若者は酒の力でも借りないと、口説けないメンタル弱いちゃんが多いので、車利用のメリットが減っている気がします。

3　丸1日かけるデートの衰退

全国的に、カップルが丸一日かけて遠隔地へ行く行為が減っている気がします。それはスキー、スノボ、ゴルフなども同様に、お金がかかって丸一日潰れてしまうレジャーの人口は、ピーク時の3分の2ぐらいになっています。もちろん根強いリピーターはいますが、それはグループで行くレジャーであり、カップルでゴルフに行ったとかスノボに行くのは、ちょっと気が重いのです。カップルとなると、相手の家に迎えに行ったり、用具一式を買ったり、それは別精算としても、技術指導をしなきゃならない。そもそも男性がある程度、エキスパートじゃないと教えられないでしょ。いろんな部分で男性側のエスコートの負担が重くのしかかり、耐えられないのです。だからグループで、下手丸出しのレンタルスキーで楽しむレジャーの方が、なんぼ気楽なことか。

そもそもドライブは車という密室空間にカップルが半日一緒にいるわけでしょ。それ自体が気まずいというか。「屁もできない」と双方思っているんじゃないですか。昔はお気に入りのBGMをかけていましたが、今はスマホで日頃音楽を聞けますから。男が練りに練ったBGMをかけても、かえって下心ミエミエと言われそうでやりづらいです。

4 外車に乗っているなら何か買って

それでは車を持っている男性、特に高級外車に乗っているヤカラに対し、女性はどんなイメージを持っているのでしょうか。昔は「若いのにお金持ちね」という意味で「ヤンエグ」（ヤングエグゼクティブの略）と言ってました。

今の女性はシビアですよ。高級外車に乗っているのは「オレは金持ちだぞ」という自慢をしているんでしょ。それは分かったから、自慢ついでにこちらへの「利益還元祭」は、ないのですか～？ってネット通販かよ。

つまり、お金持ちぶっているなら何か買ってよ～となるわけです。クレクレ攻撃はひとまず置いといても、高級外車でファミレス利用は、ないんじゃないの？どっかのトラットリアとか、キュイジーヌとか、そんなとこへ連れてってと思っているはずです。

キャバクラで、高級外国製腕時計をしているお客さんが、ケチで女のコにドリンクもあげないことがありました。キャバ嬢たちからブーイングで「立派な時計をつけてるなら、シャンパンの1本も空けてよ。時計を持っている意味がない」だと。もっともな意見ですね。

そんなわけで、お笑いの芸人の永野風に言うと「高級外車に乗っているケチよりも、チープな服装でも、奢ってくれる人がチュッキ！」と、女性は思っているのでしょう。

若者による集団暴行事件が多発するワケを推測

「最近の若いやつらは」とか、「近頃のゆとり世代は」なんてね。

そんな話をするオヤジが結構います。

個人的に思うに、若い男性はガン無視でいいです。

会話もしたくないし、カツアゲもされたくない。

オヤジとしては、同じ世代のオヤジ連中と遊び、

若いお姉ちゃんと会いに、たまに夜の盛り場に行く。

それで充分楽しいではないですか。

若者よ、キミらの邪魔はしないから、俺たち、

オヤジの邪魔も、しないで欲しいのです。

最近、若者の行動で気になることが多々ありましたが、オヤジ的には若者の性の暴走というか、モラルの低下を非常に嘆きます。何を言いたいのか、それは最近の若者の集団暴行事件の凄惨さです。育ちが良くて偏差値も高い有名私大や国立大学医学部のエリート学生たちが、女性にお酒を飲ませ、集団で暴行するニュースが頻発しました。おそらく、これ以外に発覚していない案件も相当あるでしょう。デートマニュアル本世代から見たら、異常な行為にしか映りません。

そもそもデートや合コンは求愛行為です。相手に気に入ってもらい、初めて性行為がなされるのですが、今の飲み会はなんか何か違う気がします。女性に酒を無理やり飲ませること自体は、昔からイッキゲームなどでありました。好ましくはないですが、まだギリギリセーフでした。昔のハメを外した合コンは、男女がたらふくお酒を飲んで酩酊状態になり、それから男女がペアとなって個別に行為が始まりました。女性側は場の雰囲気に流されたにせよ、断固たる拒絶をしてないケースが多いです。男性側がやや強引としても、女性に対して「可愛い」とか「好き」とか「気に入った」などの求愛的行為をしてからのアクション開始でした。

ところが最近は女性を酩酊させ、嫌がっているのに無理やり暴行をしていますよね。さらに複数で次々と襲い、尿をかけたりスマホで行為を撮影したりと極悪非道です。さらに撮影した凌辱シーンを、嫌がっていない証拠だと提出する人もおり、もはや何がなんだか。オジサン世代は全く理解不能です。確認のため、やや若い世代に話を聞きましたが、やはりそれらは異常行為であると言っています。

いつから女性は愛する対象からモノ扱いになったのですか。しかも、犯罪行為と認識していないところが凄い。穴があったから入れたって、そこらへんの野良犬にも劣る行為を平然としていいわけないです。

なんでこういうやつらが同時多発的に現れたのか?推測ですが、理由を述べさせていただきます。

性欲のマルチ化&暴発化

俗に草食系男子といわれて、性欲がないみたいに扱われていますが、性欲はどの人間もほどほど平等にあるそうです。ただ、性欲をストレートに出せなくなった人が増えています。アニメやCG、アイドルを恋愛対象にしているのは性欲の立派な代償行為です。

ということは、日頃おとなしく生活してて性欲を発散できていない連中が何かのはずみでスイッチが入ることがあります。突然目の前に酩酊した女性が全裸で現れたから、暴走したってことですか。まあ、言い訳になっていませんけどね。

モラル認識の欠如

昔は強姦と和姦の境界線は何かとか、議論を交わしたものです。ラブホテルに入った段階で強姦は成立しない？とかね。ですから、合意と犯罪の境界をある程度認識していました。もちろん、法やモラルをちょっと超えた人もいるでしょう。でも、酔いつぶれている女性を集団で暴行するのはアウトってわかっていました。

ＡＶの見過ぎ

最近のエロサイトは凄まじいです。以前登録していた動画サイトが未だしつこくメールを送ってきます。何気にサンプル動画を見たりしますが、そこに出て来るＡＶ女優の数に圧倒されます。集団でやる企画物には、10人単位で女性が全裸で行為しまくりですから。こんだけＡＶ出演女性が多いと、感情移入なんかできませんよね。単なる女のハダカ、そして単なる行為の連続です。

ＡＶはストーリー性がほとんどありません。企画ものでの大量出演は、ＡＶ女優を個別認識できなくします。そして、単なるモノ扱いとなった女優たち。こういうのを見ていると、女性に愛情を注ぐとか思わないでしょう。裸の女性はイコールやっていいと認識していたら、そら恐ろしいことです。

恋愛ドラマのラブシーン減少

最近の小奇麗な恋愛もどきの、映画＆ドラマの隆盛は目を見張るものがあります。それは別にいいのですが、代わりにリアルな恋愛ドラマが減っています。しかも、ラブシーンが壊滅的に少ないです。男女が出会って好きになってチューをして、エッチする一連の描写がどこにもない。最近流行ったドラマでも、チューは口を合わせる「小鳥のキス」ですから。「ベラカミ」のディープキスは全くない。つまりまっとうな前戯シーンがないのだから、前戯の仕方が分からない。だから入れるしかないと思ったりして。

恋愛におけるラブシーンは恥ずかしくて見れないし、できないと思っていたら、そら恐ろしいことです。あえてそこを乗り越え、大人の鑑賞に耐えうる恋愛ドラマをラブシーンやベッドシーンを交えて描かないと、いけません。

キャバクラよりも風俗

若者にキャバクラは、全く人気ないですね。おさわりなしで延々と求愛行為をするのは、案外大事なことですよ。その代わり、すぐ目的を達成できる風俗が人気とか。コスパはいいけど、これを素人にしちゃまずいでしょ。素人にこそ、キャバクラトークをすべきですから。というわけで、全国のキャバクラの値段を、10分の1にしましょう。そうすれば、全て丸く収まりますって、なんか自分の都合のいい方向に導いているような気がしないでもないですが。

携帯電話、スポーツジム、納得のいかない契約&解約の舞台裏

オヤジは知らないうちに、様々な契約をさせられて、
がんじがらめになっています。
スマートフォンしかり、2年縛りで安くなっていますが、
きっちり契約満了時じゃないと、違約金を結構取られる。
ほかに、行きもしないフィットネスクラブ、
3か月でボトルを流すキャバクラ。
もったいないから3か月以内にまた行くと、
ボトルよりも高いお金を払うことに。
実に不条理ですなあ、そういえば、入れたボトルは「カミュ」だったけど。

大手ＰＣ量販店との契約解除を巡るトラブルが炎上し、全国的なニュースとなりました。その元となったユーザーのツイートは、一人暮らしの父親が過剰なサービスのＰＣメンテ契約をしてしまい、解約をしに息子が行ったら、20万円請求されたというもの。結局10万円で折り合いがついたけど、ユーザーは納得がいかずツイート。それが飛び火して、その会社の株価は大暴落し、時価総額の半分が吹っ飛びました。

フォロワー１０００人もいない人のつぶやきが、新聞に書かれるぐらいのニュースになるのですから、ＳＮＳの力って凄いですよね。その後、企業側も改善措置を出して、老人に優しい契約に努めるそうですから、とりあえずは終息しそうですけど。でも10万円の解約料を払わせたばっかりに、２００億円以上が消えたなんて、シャレにならないですね。

というわけで、探せば結構ある、納得のいかない契約や解約の数々を書きたいと思います。

まずは、使わなくなった某キャリアのＵＳＢ型通信スティックのお話。非常用にと持っていましたが、いよいよサービスが無くなると通知が来たので、解約しに販売代理店に向かいました。

販売代理店では丁寧に扱われました。解約手数料が9000円幾らかかりますという。「ちょっとそれは無いんじゃない。毎月300円幾らしか払ってないデバイスの、解約料が9000円っておかしくないですか」と、一応言ってみた。

「お客様は2年契約をしてますから、その更新時に、解約をしないと中途解約になります」という。なるほど、言ってる意味は分かります。「けどね、近い将来、サービスそのものがなくなるんでしょ。なくなるサービスの解約するのに、手数料かかるって、理解できないんだけど」

こう言うと「お客様の解約期間は、来年の3月です。3月に来て頂ければ、お安く解約できます。その時期まではサービスをしてますので、契約違反ではありません」という。話は平行線となり、ぐだぐだ言ってると「現在無料で、新機種の新サービスに移行できますが、どうでしょうか」と、勧めてくる。なるほど、そういうことね。さっさと新機種の新しいサービスに移行しろと。でもモバイルデータ通信は、ほかでも、できるから充分。新サービスで2年縛りがないならやってもいいと言ったら、相手はムスっとしてましたけど。

というわけで来年3月まで我慢することにしたけど、よく耳にする、「2年縛り」において、2年後の再更新は、なくていいと思います。最初の2年は、デバイスの分割払いゆえ仕方ない。でもその後の、2年縛りは全く意味がないもの。

不条理な契約が多すぎる

そう思っていたら、一部のキャリアでは、2年縛りの見直しを始めたところがあり、2年目以降は、お値ごろ価格で解約できるそうです。今後、これが加速すると思うんですけど、どうでしょうか。

このような契約の不条理は、スポーツクラブにもあります。よくあるのは、翌月分前納というシステム。銀行ひき落としなら気づかないけど、毎月納めている人は大変です。スポーツクラブに通うことに対しても、ムラがあるわけで、知り合いのキャバ嬢は、2か月通わなくなって、もう行かないというので、退会を申し出たら、今まで払ってない分の会費を払ってから辞めて下さいとなった。そこで、余分なお金を取られそうになったというので、こっちに連絡が来た次第。例えば、8月に辞めると言い出すと、9月分まで払ってからしか退会は認めないという。7月と8月分を払ってないから、合計3か月分払わないと、ダメなそうだ。８月まではわかるが、行きもしない９月分をなんで払うの？とやや問題になった。そうやってスポーツクラブは儲けているんでしょうね。

こっちも自分のことではないので、たいして文句は言えず、とりあえずスポーツクラブに３か月分、約６万円を肩代わりにして、話をまとめました。困っていたキャバ嬢は、これで助かったと大喜びし、「じゃ９月は毎日スポーツジムに行こう、ビジターとして連れてってあげるから」って、誰がそんなとこ行くかい。しかも、連れて行くって何だよ、オレの払った金ですぜ。

世の中は不条理なことが多いですが、そういえばレンタルビデオの、延滞料はどうなんでしょうか。昔は、２年延滞して１００万円払えと、コントみたいなことになってましたが、今はどうか？

購入価格、プラス手数料を考えての最大延滞料を計算するので、１万円以内には収まり、１００万円払えということはないです。ただ、安心してＤＶＤ５枚ぐらいを一気に借りて、３週間ぐらい放置しておくと、２万円ぐらい取られますから、ご注意を。レンタルＤＶＤは、１日で何枚も見ないんだから、１回に１枚借りれば、いいんじゃないですかね。

日米親善ゴルフは安倍首相の祖父の悲願だった

トランプ大統領と安倍首相の、親善ゴルフは面白かったです。
安倍首相はバンカーからボールが出ず、
しかも、戻る時ひっくり返ってしまうし。
トランプ大統領は、すげえ長いパットも、全部オーケーだし。
でも安倍首相は終始にこやかで、満面の笑みでした。
それはお爺ちゃんの岸首相の果たせなかった夢を、
代わりに達成したからです。
今回はそんなお話をひとつ。

日米首脳会談の場外乱闘みたいな親善ゴルフは面白かったですね。ゴルフをやらない人にとっては何が面白かったか、全然分からないと思いますので、細かく説明しましょう。

まず会場の「霞ヶ関カンツリー倶楽部」ですが、２０２０年の東京オリンピックのゴルフ会場になっている超名門コースです。コースの格やレイアウトとしては申し分ないです。けど、場所が埼玉県の内陸部にあり、真夏の試合会場としては暑くて試合ができないし、ギャラリーも倒れるのではないかといわれています。さらに晴海の選手村からは遠いなどと未だ懸念材料（Ｐ１２９参照）がくすぶっていたのです。

それを払拭すべく、安倍首相が「オリンピックは絶対霞ヶ関ＣＣでやるから、トランプ大統領が来たときに貸してね」と持ちかけたのではないでしょうか。どちらが忖度したのか、阿吽の呼吸だったのかは知りませんが、結果的には非常に良いお話となりました。

というわけで、名門霞ヶ関カンツリー倶楽部は日曜日のメンバーデーをクローズして、トランプ御一行様に差し出したのです。しかも、乗用カートを使いたいとのたまう始末。「オレはデブだから、歩くのは嫌なんだ」と言ったか定かではありませんが、しぶしぶ乗用カートを用意しました。こともあろうことか、その乗用カートでコースの中を走り回るというのですから、前代未聞です。何しろ霞ヶ関カンツリー倶楽部のラウンドは歩きが基本。乗用カートなんてもってのほか。ましてや大事なコースの中に乗りつけるなんて、ひどい仕打ちにしか見えないのです。

さらに、昼飯は虎ノ門にあるアメリカ産牛肉を使った店のハンバーガーを食べるから、それを厨房で作りたい。あんたらのコースの料理は食べませんのでよろしくと来たもんだ。もちろんハインツのケチャップも忘れずに、テーブルの上に置いておきますよと。

あとトランプさん、ヘリで来るから空いてるところをヘリポートにしてよ。大統領専用ヘリ「マリーンワン」は2機がセットだから2機分用意してね、と。無茶ぶりの連続ですがな。

これも悲願のオリンピック開催のため、堪えがたきを耐え、忍びがたきを忍びでございますなあ。霞ヶ関カンツリー倶楽部は、全て受け入れたのでありました。

そんなこんなで始まった日米親善ゴルフ。トランプさんは豪快に250ヤードショット。スタートホールでチョロをしてしまった。安倍さんは気合いが入り過ぎたのか、スタートホールでチョロをしてしまった。これじゃゴルフにならない。しまいには、安倍首相はバンカーに入ったボールを1発で脱出できず、2度目でようやく脱出。そのとき、トランプさんが先に行ってしまうのを見て焦って、欽ちゃん走りでバンカーの淵を乗り越えようとした。そしたら足が滑って体が一回転して、砂の中に転んでしまった。これをドローンで撮影してて、全国的に流れてしまったから笑えますなあ。

これを見た中国のネット民は「日本ってほんと自由で平等な国だなあ。中国でVIPの醜態をオンエアしたら、担当者は即刻クビだよ」と、羨望のまなざしを投げかける始末です。安倍総理が「あばれはっちゃく」ゴルフをやったおかげなのか、トランプさんは1回パットしたら、長い距離を残しても拾い上げてOKにしたのです。松山英樹選手の返しの長いパットもそう。それがトランプ大統領の気遣いというわけです。

アイゼンハワールールとは？

安倍首相がこれほどまでにトランプさんとゴルフをやりたがったのは、おじいちゃんの岸信介首相がアイゼンハワー大統領と日米親善ゴルフをしたからです。

ときは昭和32年6月、岸首相は渡米してホワイトハウスを訪ねます。そこでアイゼンハワー大統領の歓迎を受け、いきなり午後の予定を聞かれました。「空いています」と岸首相が言うや「午後からゴルフをしましょう」と誘ったのです。ワシントン郊外のバーニング・ツリーCCに行くや、岸首相の体格に合わせたクラブのセットが用意されていたとか。2人は、実に楽しい時間を過ごしたのでした。

さらに3年後の昭和35年、今度はアイゼンハワー大統領を日本に招待することとなりました。岸首相はゴルフのお礼をしたかったのです。ところが訪日寸前、大統領の先遣隊のハガティ大統領報道官が羽田空港に到着して移動するや、デモ隊に囲まれてしまう。これじゃ大統領の安全なんて保証できないとアイゼンハワー大統領からドタキャンを食らうハメに。岸首相は安保協定を改定しましたが、もろもろの責任を取って辞任したのです。

トランプ大統領と安倍首相が、日本でゴルフをすることはおじいちゃんが果たせなかった、夢の続きなのです。なんとまあ、おじいちゃん思いの孫なんでしょう。

安倍首相が岸・アイゼンハワーのゴルフ話をオバマ大統領に語ったエピソードは有名です。「2人のスコアは?」とオバマ大統領に聞かれて、安倍首相は「国家機密です」と、冗談を言って湧かせました。その国家機密をバラしてしまうと、アイゼンハワー大統領が74で、岸首相は99だったそうです。これは、安倍首相とトランプ大統領の実力差に映るんですけど。

そんなわけで、トランプ大統領のゴルフの腕前はアイゼンハワー大統領と被るんですよね。腕前はシングルだし、ベストスコアは60台とも聞くし。自分の会社でコースをいくつも持っていますしね。

今回のトランプさんとのゴルフは「スコアをつけずに、9ホールラウンドしてパットは1回のみ」というルールでした。

トランプさんのパターは1回だけ打つというのも、アイゼンハワー大統領のゴルフと似ている部分があります。

というのも、アイゼンハワーの名前のつくルールがアメリカにあるのです。心臓に持病があったアイゼンハワー大統領はここぞという勝負のパットを決めるときに、心臓に負担がかかってしまう。主治医に「グリーンに乗ったら、パターを打たないことにしてはどうか」と勧められて、それを実践したそうです。

それが「アイゼンハワールール」というやつです。スコア計算はどうなるかというと、グリーンのどんな遠いところに乗っても、2パットで計算するそうです。パーオンすれば、全部パー。バーディがない代わりに、ボギー以下もない。なかなかいいアイディアだと思いますね。

というわけで、今後のゴルフはパット1回のみの「トランプルール」を実践してはいかがでしょうか。ストレスが無くなりますよ。ちなみに、バンカーを出るときにわざと転ぶ「安倍ちゃんルール」は、吉本新喜劇関係者のみのルールとしておきましょうかね。

和食が世界無形文化遺産なのに、なぜ箸を正しく使える人は少ないのか

日本人として、箸をちゃんと持てない若者は嘆かわしい。
そう訴えていたのは、今から30年前の話です。
高度経済成長時の、先割れスプーン給食のおかげで、
オヤジ世代でも、箸をまともに持てる人は、ほんのわずかです。
つまり、すでに日本の箸文化は、絶滅したのです。
それで和食は世界無形文化遺産って言っているし。
ちゃんちゃら、おかしいです。
箸をちゃんと持つことを、世界無形文化遺産にして、
絶滅危惧文化に、指定してもらわないといけません。

最近テレビでの食事シーンを見るたびに、箸を正しく使えてない人の多さに驚きます。一番凄い方は、クワマンこと桑野信義さんで、すでに伝説化し、時々ネタとしてテレビに登場しています。何しろドラえもんが箸を使ったら、こんな感じという持ち方で、じゃんけんのグーをしたまま持っているんだから。本人も最近は気にしているらしく、現在は練習してちゃんと箸を持てるようになったそうです。以前は料理関係の番組で、スタッフからダメ出しされたくらいだから、ほんと独特ですよね。

桑野さんは例外ですが、でもアイドルや若手芸人などに、奇妙な持ち方をしている人をちらほら見かけます。一応テレビなんだから、少しは気を使って欲しいです。あまりにも変な箸の持ち方の人は、フォークやスプーンなどに変えて、食事シーンを撮ればいいと思います。テレビに出るというのは、人さまの模範となるわけですからね。まあ箸の持ち方はいいとしても、今度問題になるのは、箸の使い方です。綺麗に2本の箸で三角形を作る正統派の箸使いを、できる人はほんと少ないです。グルメリポーターなども、全然使えていないし、落語家とか、最近お寺の番組をやっているんだけど、そこでの若い坊さんも全然ダメでした。

こんなことを書くと、小言を言う嫌な**オヤジ**に聞こえますが、もう若者には、正しい箸の使い方を期待してない、というよりも期待できないのです。なんでかというと、すでに教える側の50代~60代がダメなのです。正しく箸を使える熟年世代は、1割もいないんじゃないですか。箸を正しく使えない家庭に育った子供が、大人になって箸を使えるはずがない。ここで負のスパイラルが起こり、あと50年もしたら、箸を正しく使える人間を、街中で見かけることはなくなると思います。

さて困った、どうすんだってことだが、やはり和食が世界無形文化遺産になっている都合上、このまま放置しておくわけにはいきません。というか、一応和食は食べ物以外にも食器などのトータルで文化遺産になってるわけだから、マナーや食べ方も当然入ってきますわな。

そういう意味で考えると、箸使いをすたれさせたのは、国の怠慢ですよね。今更授業とかで箸の使い方を教えられないし。そうなると和食文化保存チームを造って、ある職種の人々は、正しい箸使いをするようにする、これしかないです。

つまり割烹とかで、新人の従業員は大根のかつらむきを覚える前に、正しい箸の使い方を覚える、これでんがな。当然和食の料理学校も同様、調理実習の前に、箸の正しい使い方を覚えるってことですよ。

というわけで、箸文化救済策を細々と書きましたが、ここで起死回生の大逆転プランを披露しましょう。なんと「箸文化」そのものをピックアップして、世界無形文化遺産にするアイデアはどうです。しかも、これは日本のみじゃない。最近の世界遺産登録でいちゃもんをつけて来た、韓国も入れる。もちろん中国も参加です。日中韓の3国共同提案で、箸を正しく持って、使う文化を世界的に広めればいい。さらに南の島々を巡ってトラブっているベトナムも参加させて、箸文化においては、東アジアの偉大なる食文化の象徴として、各国とも足並みを揃えてもらう。

まず手始めに、箸文化4ケ国で、ピーナッツ100コの皿移し競争をしてもらいますか。最初のきっかけづくりは、そこからですね。

インターネットが雑誌に勝った日

日本の雑誌界は、スマホ等で雑誌を集めた「ｄマガジン」に
やられっぱなしです。
月額４００円で３００誌ぐらいの雑誌が読めるなんて、1冊1円ちょっと。
雑誌屋に、「これは自殺行為だから止めなよ。雑誌が売れなくなるよ。
そう言って、何度も忠告しました。
けどｄマガジンから、結構なお金が入ってくるという。
だから、止められないというのです。
そもそも雑誌のデジタル化を、携帯電話会社がやることなのですか？
大手出版社が立ちあげて、アプリ配信するべきではないですか。
どう考えてもおかしいと思います。
ユーザーとしては、安く雑誌が読めて便利だけど。
そこにジレンマを感じる、今日このごろですね。

ドコモの雑誌見放題サービス「dマガジン」に加入してはや3年。驚きの安さにびっくりしつつも、作り手としては、こんなに安売りをしていいのかと、漠然とした不安を感じる今日この頃です。

というわけで「ネットが雑誌に勝った日」というコラムをお送りしますが、これはITバブル期と、現在のアベノミクス期の2つに分けます。

まずはITバブル期。それは中古車情報誌がネットへ移行していく過程の時期です。具体的な雑誌名を書くと差しさわりがあるので、一応Cということでって、なんかバレてるかな。

中古車情報誌は、全ページ広告みたいなもので、やたら分厚いのが特徴です。当然第3種郵便物認可なんか受けておらずって、つまり広告部分が、全体の50%以下じゃないと、認可が下りないんですよ。今や雑誌も宅配業者が安く運ぶので、そもそも第3種郵便物認可の意味がなくなりつつあるんですけど。

じゃその分厚い中古情報誌の原価って知ってますか? 10年以上前の話ですが、250円ぐらいで売ってる雑誌の原価が、おおよそ700~800円ぐらいといわれてます。つまり、原価割れしているんです。あの厚さの紙代とインク代を計算すると、それなりにお金がかかるんですな。それを、あり余る広告料で、カバーしていたというわけです。

中古車情報誌の広告はリアルなレスポンスを求められます。中古車を1ページに20台ぐらい掲載しますと、販売ノルマが1ページで2・5台といわれております。つまり1台も売れなかったらアウト、出稿停止ってことですね。

雑誌全盛の頃は、中古車情報誌も10万部を超えて、ウハウハ状態でした。ところが出版不況となり、部数が激減。しまいには3～4万部に落ち込みました。そうなると、1ページ2・5台を売るノルマなんて、夢の夢と思うでしょう。ところがネットサイトが頑張って、そこそこ販売できたのです。

中古車情報誌や住宅関連の情報って、実はネットで見た方が、いろんな情報をセグメントして検索できるから便利です。左ハンドルの外車って、チェックをいれただけで、すぐ必要情報が出て来ますからね。

そんなわけで、蔡倫（さいりん）が紙を発明して約2000年弱、グーテンベルグが活版印刷を発明して約600年、紙の印刷物が減少しているのですから、びっくり。誰がこの状態を予測できたでしょうか。こと情報誌においては、機能性、使いやすさ、価格など、全ての面でネット優位となりました。

そして現在、ドコモのdマガジンを始めとした、スマホで雑誌見放題サービスが、恐ろしいスピードで拡散中です。約300雑誌を400円で読み放題ってありえないですよ。雑誌記事のコンテンツは、掲載時期を発売日からずらすのもありますが、だいたい全体の5~9割ぐらい見れますか。人気コラムや、著作権の関係で載せれない芸能人の写真などは、抜かれている場合もありましたが、でも1冊約1円で見れるって、恐ろしくないですか。私のコラムも見れました。1冊約1円なら1ページ読むと、1銭ぐらいの手間賃ですか。まさに究極の薄利多売ですね。

実は雑誌によっては、こんなクソ安くても結構なお金になると喜んでいるケースもあるのです。でも、400円でこんだけ見れたら、個人的には雑誌を買わないですよ。しかも、雑誌屋が電子化するって言ってるけど、その手間が省けたじゃんね。携帯屋さんが、全て丸ごとやってくれてますから。

個人的には、これで雑誌がますます売れなくなる予感がしてならない。しかも、コンテンツ制作者に恩恵がほとんどない。それが大問題ですね。

原子力空母ドナルド・トランプの就役はいつ？

歴代アメリカ大統領は、引退後、航空母艦の名前になりがちです。

ジョン・F・ケネディとか、ドナルド・レーガンとかね。

確率的には共和党大統領の方が、

タカ派なので空母名になる確率が高いです。

もちろんトランプ大統領も、いつしか空母の名前になるでしょう。

今回は、その空母、ドナルド・トランプの就役時期を占ってみます。

とにかく、トランプさんが大統領に就任してしまいました。共和党の強硬路線の大統領ですから、近い将来、原子力空母の名前になる可能性が、十分あります。本来なら華麗な軍歴が欲しいのですが、トランプ大統領は、数回に渡る兵役免除により、軍隊経験はありません。でも大統領の活躍次第で、十分空母の名前になりえます。

「原子力空母ドナルド・トランプ」ですか、カッコいいですね。これが「空母バラク・オバマ」とか「空母ヒラリー・クリントン」って、ちょっとイメージが湧きません。名は体を表すとは良く言ったものです。

今回は大統領名のついた空母の歴史と、今後の展開を考察します。最初に大統領の名前が冠せられたのは、「空母フランクリン・D・ルーズベルト」からです。ルーズベルト大統領は、第二次世界大戦を終結させた立役者です。在任中、脳卒中で急逝したので、選挙もせずに、次の大統領になったトルーマンが、感謝を込めて空母の名前にしたとか。

戦後は「ミッドウェー」「コーラルシー」(珊瑚海海戦)など、勝利した地名を空母名にすることもありました。過去に、強襲揚陸艦「イオージマ」というのが存在しました。勝手に日本の地名を使うって、どうなのと思いますね。

そんなわけで、空母は米海軍最強の象徴です。ゆえに偉人級の大統領、「リンカーン」

「ワシントン」などの名前を拝借、加えて好戦的な共和党の大統領の名前、「ロナルド・レーガン」「ドワイト・D・アイゼンハワー」などを使うようになったのです。

民主党出身で「ケネディ」「ルーズベルト」「トルーマン」も、空母名になっていますが、大きな戦争のない現在は、強硬路線を貫く、共和党の大統領が空母名になりやすいのです。

ちなみに2017年「ジェラルド・R・フォード」という新型空母が就役しました。10万トン超の排水量で、今後10隻の建造計画があり、2番鑑「ジョン・F・ケネディ」、3番艦「エンタープライズ」までが決まっています。その後は、未定ですが、トランプ大統領が予算を獲得し、20年ぐらい先の10番艦あたりに、こっそり自分の名をリクエストしたりして。

トランプ大統領が軍功欲しさに、余計な戦争を始めないでほしいと思う、今日このごろです。

マーケット 4

オヤジは少ない小遣いで、有益な情報を得て、
賢い買い物をしなければいけません。
とはいっても、失敗も結構あるのは仕方が無いです。
そういう失敗を楽しめる心の余裕があれば、
人生を豊かに過ごせるのではないでしょうか。
知らない店に行くのは、オヤジにとっては、ささやかな冒険です。
別にボッタクリバーに、行くわけではありませんから。
そこで起きた出来事を、心底楽しもうではありませんか。

串カツ田中、躍進の秘密はトランプ戦略だった

トランプ大統領のキャラクターって、結構好きだなぁ。
というわけで、今回もトランプネタを少々。
串カツ田中という、串揚げの店が大躍進しているのですが、
実は1号店は世田谷で、東京のオサレなエリアを中心に出店しています。
見た目は朽ち果てた店構えなのに、繁盛の理由は？
実はトランプさんの選挙戦略と、似ていたというお話です。

いきなり「串カツ田中」とアメリカ大統領のドナルド・トランプをくっつけちゃって「話が見えない」と憤るみなさま、今からその理由をとくと解説しますから、お付き合いください。

まずは大阪伝統の味、「串カツ田中」の躍進話から。最近やたらと目につく「串カツ田中」の勢いに気づいたのは、2016年です。なんと東証マザーズに上場したのです。外食産業の上場は、よくあることですが、でも名前がね。まんま「串カツ田中」ですから。普通は「○○フード」とか「○○ダイニング」「○○コーポレーション」とか外食産業らしい名前で上場するんですよ。

串カツ田中は、インパクトがありました。公募価格が3900円で、初値が4425円、一時は7000円を超え、時価総額も100億円突破という勢いでした。トランプバブル以前から人気が出ており、現在の時価総額は、300億円超えをキープという快進撃を続けております。

さて、串カツ田中はどんな会社か。なんと創業7年で上場を果たした驚くべき成長企業なのです。7年前、創業者と副社長の田中さんは、いろいろ外食産業をやって、いまいちぱっとせず。リーマンショック後で、店をたたもうかと後片付けをしていたら、田中さんの父の作った、串カツレシピが出てきた。試しに作ったら旨かった。「これが最後のチャンス」とやったら大当たりをしたという。今や店舗は１２０件超え、これには練りに練った戦略があったのです。しかも、全てドナルド・トランプの選挙戦略と合致するのだから恐れ入ります。

1　隠れ串カツファンを探す

トランプ氏の勝因は、隠れトランプファンがいたから。串カツも、大阪伝統の庶民の味だから、大阪で出せばいい。いえ違うんです。隠れ串カツファンがいるのはどこだ？あえて東京の高級住宅街、商業地を選んだのです。世田谷が1号店、そして六本木、恵比寿、中目黒、三軒茶屋に展開。しかも、渋谷と新宿は3件ずつ。これが当たったのです。

普段見栄を張って「トラットリア」とか「キュイジーヌ」とか舌噛みそうなこと言ってるやつらの目の前に、串カツを出したら、大人気。「旨いし安い、最高だよ〜」と老若男女に大ウケしたのです。今まで頑張って、こじゃれたイタリアンを食べてた連中は、なんぼホッとしたことやら。今後は隠れずに、堂々と串カツ田中ファンを名乗れるわ〜、これもトランプさんのおかげですわ。

2　ラストベルト感がたまらな過ぎ

トランプ氏の選挙の勝因は、五大湖周辺のラストベルト（錆びた工業地帯）から、熱い支持があったから。串カツ田中もラストベルト感は半端ないですよ。まずは店のロゴは、白のカーテン地に黒文字ですから、手作り感がたっぷり。店内には赤や黄色の提灯が、チープ&ラスト感もふんだんに。従業員は「鶴橋」って書いた前掛けを汚して、使ってましたから。わざと庶民感を出しつつ、窓ガラスを多めにして中の様子がわかる仕組みにしています。「怖くないよ～、家族連れでもどうぞ」と、入りやすくしている。実際、小学生の子供が多く、ファミレス化しています。実によく考えてますな。

3　保護政策でTPPに反対

串カツ田中はTPPをどう思っているかは知りませんが、トランプ氏の考えている自国の利益追求の考えを串カツ田中も実践しています。なんと串カツ田中は、クレジットカードが使用できない。そもそもクレジットカードで支払うと、3～6％程度の手数料が発生する。しかし通常の飲食店は、現金でもカードでも支払額は一緒。つまり、カード払いは店側が手数料分だけ損をするのです。これはバカらしいと止めたのです。客からは不便だと言われないのか？実はカード支払いをなくした代わりに、お客様に安く提供することにしたそうです。なんと客単価２４００円ですから、これで腹一杯食って、たらふく飲める。サイコロでのチンチロリンをして、当たりの目が出ると、信じられない価格でお酒を提供するし、お客目線でいいことやりまくりです。実際、山盛り頼んで飲んで、デザートを入れて、ひとり３０００円でした。客単価２４００円は、あながち嘘ではない。

4　自国製品は自国で作りたい

トランプ氏が大統領となった今、俄然自国ブランドを自国で作りたい運動が盛んになっています。ｉＰｈｏｎｅのような製品は、中国製造を止めて、全部国産品にしたいようですが、現実は難しいようです。そういう自前で製造することを、いち早く実施したのが串カツ田中です。例えば、ポテトサラダを頼むと、スリバチに芋とゆで卵とマヨネーズと香辛料が入ったものが出てきて、自分ですりこぎを回す仕組みに。「え～ポテトサラダを作ってくれないの?」いえいえ、自分で作るからこそ、好きな粒加減を調整できるってもんです。店側も調理の手間が省けて、一石二鳥。この逆転の発想にはびっくりです。同様におにぎりセットも自分で、具を混ぜる方式でした。

というわけで、串カツ田中は、日本を救い、案外アメリカ進出しても受けそうな気がします。トランプ氏も日本に来たのだから、串カツ田中に寄って欲しかったですね。

毎度ありがとうございます。
サラダは自分でつくって下さい。
ペコリ

相席居酒屋の隆盛で加速する、一億総水商売化

ここ数年、相席居酒屋という、女性とマッチングしてくれる居酒屋が大繁盛です。
男性は3000円程度払い、女性は無料。
試しに行ったのですが、オヤジは全く相手にされず。
しかも、外見もイマイチでした。
でもねえ、異性と出会う商売は、今後の主流になります。
相席居酒屋じゃオヤジは無視され、キャバクラじゃ散財し
オヤジは行くところが減る、今日このごろ。
若い頃は、相手の電話番号を聞いただけで興奮し、
デキたも同然気分を味わえたのに。
古き良き昭和は、遠くなりにけりですね。

評論家の大宅壮一は、テレビ全盛を迎えた昭和30年代、国民は「一億総白痴化」になると危惧しました。そして、相席系居酒屋や出会い系喫茶全盛の今、追いかける男も含め「一億総水商売化」になりつつあると、危ぶまれています。

相席系居酒屋という、コロンブスの卵的発明は、キャバクラやホステスにとっては大いなる脅威です。素人が勝手に、水商売を始めれるわけですから。面接をクリアし、ノルマのプレッシャーに耐えなくても、その店に客として行き、間抜けな客を捕まえればいいだけの話。相席系居酒屋は、無給といっても、客との交渉で、いくらでも引っ張れます。交渉内容はともかく、駆けひきをすることにおいては、素人の方が大胆ですし。

水商売の世界で、お客さんと休みの日に会って、食事や買い物をしたり、あるいはお小遣いをもらい、その先まで発展することを「裏っぴき」（参考はP87）といいます。裏取引という言葉から、そういう言葉が出てきたのでしょう。裏っぴきという通り、水商売ではやってはいけない後ろめたさがあった。しかし、今の相席系居酒屋や出会い喫茶は、その裏っぴきが堂々とまかり通る。すでに表の取引となっているのです。

昔は水商売の女性の、思わせぶりな仕草や振る舞いに一喜一憂したものです。「女は女優」なんて言われていたし。今や、思わせぶりは影を潜め、駆けひきが前面に出て来る。

すなわち「女は交渉人」になってしまった。横文字でいうと「女はエージェント」である。「クレクレ女子」とも、「おねだり女子」ともいうが、男性側としては、あくまで有利な交渉をしないと。単にあげてたら、ただのミツグ君になってしまいます。

この「一億総水商売化」は、いつ頃から始まったのか。きっかけは15年ぐらい前。風営法の取り締まりが厳しくなり、ITバブルがはじけた2000年過ぎに、ガールズバーが現れます。深夜営業ができて、お値ごろ価格で、しかも素人系が多いガールズバーは、不況の時代に大いにウケました。

素人系の商売がウケるなら、店にいるコを客にしたらどうか？ そんなわけで、お店に行くと、いい素人女がいて、一緒に飲めるコンセプトの「ラウンジ」を作りだしました。でも、実際はいくばくかのお金を、客を装った女性に渡しているのが実情です。しかも高いワインをガバガバ注文して、全部男性客が払うから、たまりません。素人と飲めると期待した客は、キャバクラぐらいお金を取られてあんぐりでした。

散々飲んでおきながら、見送りはなし。「私たちホステスじゃないし。ゲストよ。皆さん、勝手にお帰りあそばせ」と来たもんだ。「ラウンジ」はただのやらずぼったくりに敬遠気味になった昨今、2〜3年前から、彗星のように現れたのが、相席系居酒屋です。

実際、相席系居酒屋に行ってみると

相席系居酒屋はすでに何社も参入していますが、風営法の適用は受けていない、ただの居酒屋です。だから店は一切、客のプライベートや金銭的な面には関与してません。これがウケたのは、明朗会計システムです。男性が女性の分まで払いますが、1時間3000円程度の価格で運営している。客は2時間いても6000円で、女性と食べ飲み放題なんて、夢のようだと喜びます。運営側も居酒屋営業で、ひとり約6000円払うならありがたいとなり、双方ウィンウィン効果が働いたのです。

じゃ具体的に、相席系の居酒屋で美味しいことはあるのか。実際何度か男2人で行ったけど、おやじには辛い場所でした。双方「汚いオヤジ」と「単なるブス」と、心の中で評価し、4すくみ状態です。ほぼ会話なしで、4人がスマホいじってたからね。

でも若者なら、合コン感覚で楽しく飲めるのではないか。そのうち、ほんの数%であるが、いいこともあるでしょう。キャバクラ全盛期で、客の性交渉達成率は5%といわれています。20人に1人が栄光を手に入れられたのです。相席系居酒屋でも、誰かが「あの店チョロイぜ、速攻持ち帰りだぜ」と武勇伝を盛って語れば、噂が噂を呼び、大入り満員になる。噂マーケットとはそういうものです。

相席系居酒屋では、別にナンパできなくてもいい。噂の店に行って、合コンもどきのことをすれば、充分満足である。元々安いから、ダメなら、飲みや食いに走ればいいのです。

現在、イタリアン系相席レストランがあるように、ハイクラスの層を狙って、マーケットを拡大しているようです。個人的には、貧乏系を狙った「相席立ち食いそば屋」が欲しいって、もともと相席じゃん！

結局のところ、女性は相席の店に入った段階で「男に酒と飯を、奢ってもらっている」わけで、その負い目で、しぶしぶ客と会話をするのです。これが出会い喫茶だと、喋ることがないから即「交渉」に行きがち。ある意味、夢がない。相席系居酒屋は「口説きはなし。飲むだけだよ〜」みたいな女性も混じっての、玉石混交が楽しいわけで、現状でいいと思います。どうせ数年したら、別の業態が現れるわけだし。今のうちに行って、相席系居酒屋って面白かったねと、青春のアルバムに貼ろうじゃありませんか。

定食戦線異常あり！ 外食チェーン、野菜摂取350グラムの攻防とは

トランプ大統領は、日本に来て4連続肉料理でしたが、やはり野菜の摂取は大事ですね。

というわけで、外食産業が掲げているテーマが、1日の成人男子が必要とされている、野菜350グラムの料理です。

実際食べてみると、牛が草を食べているみたいな感じかなあ～

野菜が多過ぎてもね。

肉ばかり食べていた人が大統領になれる時代、野菜だけでアメリカに対抗できますかね。みんなで考えよう。

毎度お世話になっている、街中の定食を中心とした、レストラン・食堂の類ですが、最近ちょっとしたブームになのが、野菜多めのメニューです。

元々日本人は野菜が不足がちな生活を送っているといわれて、日本栄養士学会が設けた目標基準は、「1日350グラムの野菜を採りましょう」です。このスローガンを真に受けてなのか、巷ではやたら野菜メニューが増えて来ました。

最初に野菜350グラム摂取を打ちだしたのは、長崎ちゃんぽんの「リンガーハット」だったと思います。数年前から「野菜たっぷりちゃんぽん」なるメニューを販売し、野菜量はなんと480グラムって多すぎだろ。実はリンガーハットは大好きなので、街で見かけたらよく入ります。オーダーは、麺少なめのミドル（野菜360グラム）をよく頼みます。ちゃんぽんは、スープが少ないから、夏場でも汗だくにならなくていい。麺類はスープが太る原因ともいわれており、ちゃんぽんは理想的なスープ量なのです。ただ野菜が多すぎて、麺になかなか辿り着かないのが笑えるんだけど。ドレッシングも沢山用意してあるから、わりと飽きずにペロリと頂けるのが幸いです。

次に野菜をはっきり意識したのは、「やよい軒」の「たっぷり野菜の肉野菜炒め定食」です。これは野菜という文字が2回も入っているように、野菜を力強くアピールしています。まあ通常の肉野菜炒めの1・5倍ぐらいの量が、大皿に盛られてるだけなんだけどね。350グラムも野菜があると、幾ら食べても減らない、野菜無間地獄とでもいうのか。当然ながらゴハンを、おかわりしてしまいます。

やよい軒の凄いのは、おかわりするとき、大きなジャーに自分で行って、好きなだけ盛れるということです。本来、野菜でお腹いっぱいにして、炭水化物を抑えましょうとなるんだが、ついついゴハンを食べてしまう。やよい軒は、己の欲との戦いの場でもありますな。

続いて定食の王道、「大戸屋」。ここは野菜350グラムとは言ってませんが、その代わりとなるのが「四元豚とたっぷり野菜の蒸し鍋定食」です。大戸屋に行けば、毎回こればっかり頼みます。白菜を中心とした野菜が山盛りで根菜類も多く、350グラムぐらいはあるのではなかろうか。ライスは無料で大盛りに出来るが、オーダー時に言わなければ、通常盛りのまま出される。野菜が多いので、結構満腹になります。蒸し鍋といっても、スープはほとんどない。冷たいポンズのようなものにつけ、冷ましてから食べるので、夏場も問題なしです。

以上、野菜3兄弟みたいな話ですが、ほかにも牛丼チェーンやファミレスでも、野菜炒め定食を始めており、外食業界は、空前の野菜ブームになりつつあります。野菜は肉よりコストかからないからね。かかるのは調理する手間だけど、需要があるなら、今後もどんどん増えるでしょう。

仙台発祥の定食屋「半田屋」のコスパ最強

というわけで、定食屋全盛の昨今ですが、最後に日本最強の定食屋を紹介しておきましょう。名前は「半田屋」、仙台発祥の定食屋で、仙台の予備校に通っていたときは、大変お世話になりました。なにしろ料金が安い。当時ライスとカレーのルーで100円未満、ワンコイン100円で食事ができました。

現在でもその安さは驚異的で、ライスカレー290円、味噌ラーメン290円、かけそば180円と来たもんだ。もちろんメニューは沢山あり、とんかつから野菜炒め、コロッケ、ハンバーグ、焼き魚、煮物など、定食屋で考えられるものはたいがいある。オーダーは自分でゴハンやおかずを選ぶ方式で、500円あれば、もう腹いっぱいの世界です。

この半田屋、40年前はおばちゃんがやっている、食堂みたいだったが、今やチェーン店化して北海道から沖縄まで50店舗以上に増殖しています。東京は、以前北池袋にあったが、なぜか閉店しました。今関東圏では、埼玉に数店ある程度です。ビジネスモデルとしては素晴らしいが、いかんせん客単価が低すぎる。都心部は、家賃が高いので採算が取れないんじゃないですか。

ここは逆転の発想で、客単価８００円ぐらいのビジネスモデルを編み出して、ハイパー半田屋を開業して欲しいです。どこぞの投資家さんが目をつけて、一気に１００店舗増やすとかやってもらえませんかね。その時は、是非うちの近所にも1件お願いします。

今のところは、遠出しないと半田屋に会えない。仙台方面に行ったら、牛タンもいいけど、是非半田屋に寄ってみて下され。

名古屋喫茶の雄、「コメダ珈琲店」上場で変わるカフェマーケット

名古屋系の喫茶店は、以前から通っていて、
その充実ぶりは目を見張るものがあります。
朝、コーヒーを頼めば、勝手にモーニングが出て来ますから。
その名古屋喫茶の最大グループ、
「コメダ珈琲店」が上場を果たして、勢いに乗っています。
新聞・雑誌読み放題で、食事なみのボリューム、長居は大いに結構。
これはオヤジ界にとっても、喫茶「ルノアール」以来の快挙ではないですか。
いろいろ検討してみましょう。

個人的にも大好きなコメダ珈琲が、2016年に上場したけど、いつの間にでっかくなっていたのよと、びっくり仰天です。現在、店舗数は800弱、将来は1000店を目指すというから、もう立派な大企業です。48年前に、名古屋で稼業が米屋だから「コメダ」にした喫茶店が、半世紀で東証1部に上場するとは。時価総額900億円超え。チェーン店化できる喫茶店の雛型を作れば、ぼろ儲け、ジャパニーズドリームのような話でございます。

コメダの全国制覇は近いが、もろマーケットを食い合うのはスターバックスでしょう。こちらはすでに1000店超え、シアトルコーヒーの代表格、オサレ度100%で、若い女性を中心に根強い人気がある。

これはコメダが「喫茶店」なら、スタバは「カフェ」、ここ10年ぐらいは、カフェ優位で動いて来たけど、ここで日本の古き伝統の喫茶店なるものが復権しつつあるのでしょう。喫茶店の美味しい部分を全部とりいれた、コメダの戦略はいかにだ。コメダ珈琲は、いわゆる名古屋メシ&サービスの典型的業態で、朝、コーヒーを頼むと、勝手にトーストとゆで卵がついて来るというもの。名古屋商売は質実剛健で、出したお金に対して、充分な見返りがあるのが特徴です。昔、名古屋に仕事で通ってたので、恩恵を沢山受けていた。「天むす」は美味しくて、毎週食べていたし。おやつ代わりに食べていると、気づくと食事が終わっている。忙しいときには非常にありがたかった。ほか、うなぎのかば焼きを刻んで盛って出す、「ひつまぶし」も見逃せない。薬味を入れたり、お茶づけにしたりと、3パターンの食べ方があって、これでもう、お腹がいっぱいです。そんな風土で培った名古屋喫茶である。

コメダのメニューの代表格は女性向きのスイーツ、シロノワールなどだが、ほかに食べ物の類がごまんとあります。カツサンドなんかでかくて食いきれないし、ビーフシチューなんかディナーになってしまうから。ほかにピザもあったりして、男性が食事を頼んでも、充分ガッツリ食べることができます。ただ惜しいのは、ライスがないこと。名古屋にはライスを出す店もあるというのだが、これは今後の隠れメニューとして、登場を期待したいです。

要するに、コメダは日本の古き良き、喫茶店の文化を全部入れて、居心地良くした店舗といえばいいのです。

だから喫茶店の定番、雑誌が山ほど置いてあり、ひとりで来ても充分暇つぶしができる。スマホ全盛の今、昭和の香りのする喫茶店が人気というのも、妙にホッとします。

コメダに対抗のオサレカフェの数々

一方迎え撃つスタバだが、これは男性客がコメダに流れるのではないかと思います。だって、男同士でスタバに入るのは、都会の意識高い系の人達がメインでしょう。コメダの地方店は、駐車場完備で、ファミレスの客をも奪ってますからね。ホンダのNボックスに乗ってるマイルドヤンキーは、断然コメダを選ぶと思います。コメダでお茶しながら、じゃこのままメシ食うかって流れになりそうだもの。移動ロスがなければ、多少割高に感じても、コメダで全部済ますのはありだと思いますね。

そもそもスタバは、映画「プラダを着た悪魔」など、ハリウッド映画に登場させて、イメージ戦略を打ち出して来ました。けど食べる物は少ないし、最近は増やしましたが。わりと飲み物が高いし、気合い入った日には行くけど、毎日はねって感じです。

毎日行くならそりゃ「ドトール」でしょう。出ましたカフェ界の第三の刺客の登場でおます。実はドトールの店舗数は１３００を超えていて、一番でかいのです。最初にパリのカフェに行って感動したオーナーが、日本でもこういうカフェが出来ないだろうかと考え、お値ごろ価格で提供することを考えた。今や「ドトール・日レスホールディングス」という巨大企業に成長し、「星乃珈琲店」、「エクセルシオール」、「カフェコロラド」、「パスタの五右衛門」などを運営してますからね。

ドトールは価格面で考えると、コメダやスタバより大分安い。そしてカフェ・ラテでは一番旨いと、個人的に思っています。だからひとりで入るなら断然ドトール。ひとりで食事する&安くあげたいならマクドナルド。カップルや女性同士ならスタバ。落ち着きたい&友達や仲間とつるむならコメダ。なんか棲み分けが出来ているような、気がしないでもない。

そんなわけでコメダの快進撃が続いていますが、やっぱり生姜焼きライスとか、ナポリタンとかをメニューに加えて欲しい。そしてアンナミラーズが1店舗しかなくなったというから、ライセンスを借りて、アンミラ調の制服にするとか。ひと手間加えて欲しいと思う、今日このごろです。

買うより難しい、中古マンション売り事情

マンション価格高騰の昨今、絶好の売り時と思うでしょ。
でも実際に売るとなると、なかなか希望価格じゃ売れないんですよ。
まずチラシを見る。最近ロンドンから帰ってこられた、
銀行勤務の3人家族が、
6000万円ほどの中古物件を探しています。
なんてのが郵便ポストに入っていいます。
それを信じて、代官山のマンションを売りに出すが、
一行にロンドン帰りの人は現れない。
そんなもん嘘やった。
しかもネットで広告を出して、買い手を待っているだけ。
不安がつのるばかりでした。

みなさんマンションや持ち家を売ったことありますか？これがなかなか希望通りの価格で売れなくてね。物件の良しあしに関わらず、苦労します。一応不動産には相場ってあるじゃないですか、その値段を提示しても、そんな簡単には売れません。過去にマンションを売ったことがあるので、そのときの苦労話を聞いて下さいな。

まず物件ですが、代官山の１ＤＫの事務所を売ろうと決めました。出版不況で自宅と両方を維持するのがしんどくなったからだけど、どうやって売っていいか全く分からない。そういえば、郵便受けにマンション売却を誘うチラシが入っていたっけなあ。そのチラシには「渋谷区にお住まいの資産家の息子様が、都心にお部屋を探しています」とか「定年を迎える大手メガバンクの役員の方が、投資用にマンションをお探しです」とか、うまいこと書いてあるわけです。へえ〜そんなに部屋を探しているやつがいるのか、だったらすぐ売れるじゃんと、その大手有名不動産会社に電話をしてみました。

話はとんとん拍子に進み、じゃ明日にでも売りだしますからと。売却を開始して2〜3日は数人、物件を見に来たけど、あとはなしのつぶて。しかも、チラシに該当するようなお金持ちのお客さんは、全く見えず。あれって、ただの釣り広告だったのね。

これはまんまとやられた。この不動産屋を切るしかないな。ところが自分が全くの素人だったから、言われるままに「専任媒介」契約を結んでしまっていたのです。しかも3か月も。つまり他の不動産屋さんとは、契約が出来ない仕組みになっていたのです。これは焦りますよ。だいたいそいつのやっていることって、インターネットにアップして、お客さんが来るのを待ってるだけだからね。ヤフーオークションよりひどいかも。ちゃんと客連れて来いってば。

すでにマンションの荷物の多くはひき払い、無駄なローンを払っている状態でした。元本はともかく、利子は全くの捨て金です。焦って来たので、2か月目にぶち切れて、専任契約を解除したい旨を通知。解除に応じない場合は、次の「一般媒介」契約のとき、除外するとね。そしたら上司と相談して、しぶしぶその話に応じて来たのです。

ここで「専任媒介」と「一般媒介」の違いですが、業務内容はほぼ一緒。より詳しい業務報告が頻繁に出るのが専任の方。そんなレポートもらっても意味ないからね。もし不動産を売るなら、絶対一般媒介で契約するに限ります。

さあこれで、複数の不動産会社と契約できるようになりました。そうなると競争原理が働いて、またたく間に売れるんじゃないか、そう目論んだ。確かに超有名どこの不動産販売会社が何件も来て、契約を結んでくれた。けどね、やってることは、どこも同じ。

ネット、特にヤフー不動産に上げてさ、同じ物件が何回も紹介され、被ってしょうがない。最初の値段より、値段を下げてネットに提示すると、そのときは数人やって来るんだけど、契約の話までは進まない。

結局ネットでいったん値段を下げると、もっと下がるんじゃないかという心理が働き、買おうと思っている人がさらに待つ悪循環に陥る。もはや持久戦の様相を見せて来た。いやほんとまずい、こんだけ大手不動産販売会社が顔を揃えていながら、ネット以外、営業しないし。これ以上売る価格を下げたくない。どうしたらいいんだ、暗澹たる気分で売却開始、3か月目を迎えたのです。

ネット頼りでは売れない中古マンション事情

マンションを売った話の続きです。
最初に専属媒介契約というのがあって、1社と契約したのだけれども。
全然ダメで、複数の不動産屋と契約して競わせるようにしました。
すると名だたる大手不動産屋が名乗りを上げて、売ってくれるという。
でも3か月ぐらい、下見にはチラホラ来るが、話が進まない。
動いたのは、全く知らない小さな不動産屋がひょっこり現れ
仰天プランを提示してからでした。

代官山のマンションを売ると決めて、大手不動産屋さん5社と一般媒介契約を結んだが、3か月経っても進展せず。価格も2回下げ、これ以上安く売りたくない状況に追い込まれました。

さあ次の一手はどうする。実は次の一手は、相手側から連絡があったのです。新宿の聞いたことのない中堅不動産屋さんの営業マンがやって来て、部屋を見るなり「この物件は絶対売れますよ。価格も妥当だし。是非売らせて下さい」と言って来たのです。

実はその営業マン、日ごろネットで物件を見て、売れそうなお値ごろ物件を見ては、横やり営業をしかけているのです。そもそも売れてなんぼの世界、売れば当然手当も付くから俄然頑張るという。やはり、中小の不動産屋さんの方がシビアですね。

新宿の新担当は、売り方を実に心得ていて、いきなりオープンハウスをしましょうと言って来た。当時部屋に荷物が3割ぐらい残っていたので、ダメだろうと思っていたが、別に出来ないことはないから、荷物をまとめておいて下さいという。

そこからが凄い。彼の論理でいうと、物件は特に代官山などの人気エリアは、近くに住んでいる人が買いたがる。それはこのエリアにこだわっているからだ。そうなると、やや古い物件に住んでいる人や、狭い間取りに住んでいる人に、物件を紹介すれば、食いついてくるはずだという。

オープンハウス前日から、ビラを作って、付近の古めの物件に撒きまくり。オートロックも越えれるとこは越えて、じかに入れたり、とにかくその撒き方が半端じゃない。とある週末、のぼりを立ててオープンハウス開始でございます。確かに効果は抜群だった。お客さんは今まででは、一番来た。けど契約の話となると、前へ進まない。どうしたものか。結局丸2日が過ぎ、日曜日の夕方、のぼりを仕舞い、また来週にでもしましょうか、なんて言ってるときに、ひとりのお客さんが物件を見に来たのだ。

結局、最終的には、その物件を見に来た人が買ってくれた。担当が言うように、近所に住んでて、わりと古めの物件で、もっと新しいマンションはないかと探していたという。彼の予想通りの展開であった。

新宿の不動産屋さんには、今でも感謝している。彼がいなかったら、相当安い値段で売っていたかも知れない。それにもまして、大手不動産販売会社って役立たずだよね。マンションを売るときは、誰が買うのか想定して、売った方がいい。理想は優秀な営業マンを見つけることなんだけど、それはなかなかいない。とにかくそう簡単に売れない。昨年、知り合いのご近所さんが、子供が大きくなったので、広い物件に移るために売ってたけど、売れるまで半年かかってますからね。それだけ体力がないと、凄く安く買いたたかれるんですな。

結局、マンションは見事売れて、しかもローンを差し引いても、そこそこお金が残った。人気エリアの物件は、すぐ売れないけど、価格はあまり下がらない。だから買うときに優良物件を買うことをオススメする。

北斗の拳でいうなら、あたたた～お前のマンションの売却価格は、すでに買ったときに決まっている～、そんな感じですね。

なぜ？　地方から東京にくるまを買いに来る人が増加中

最近の中古車マーケットは、ネットの中古車情報で動いているようです。

うちの実家、宮城県に住んでいる兄貴がくるまを買うときは、ネットで調べて、東京の店に現物を、私が見に行き、確認してから買います。

というのも、地方は中古車の数が少なく、割高なのです。

実は地方の中古車業者も、ネットで買って、地方で販売する。

そういう人もいます。

それだけ東京の中古車は、安いってことなんですね。

地方からわざわざ、東京及び首都圏に来て安い中古車を買うのが、今や常識化しつつあります。そんな話をして、にわかには信じがたいと思いますが、すでに私は、田舎の石巻に住んでいる兄貴のために、過去10年で3台中古車を買って納入しています。

なんでそんなことをするのか？ それは田舎の中古車市場の相場が、結構割高だからです。田舎は車がないと生活できません。電車やバスが頻繁に走ってるわけではないからね。必然的に車を使わなければならない。流れているタマは、軽自動車が多いが、それが結構高いのです。そもそも流通量が少ないし、確実にさばける人気車種を売りたがるので割高になります。実感でいうと田舎のほうが、東京より1・3〜1・5倍、ひどいと2倍ぐらい高いイメージがします。

けどネットで首都圏の中古車を検索すると、結構お値ごろなのが、沢山出ています。これは旅費や輸送費を出しても、首都圏に行って車を買った方が、安いのではないか。そう思ってはや10年になりました。

実際、過去に買った車を紹介しましょう。10年落ちアコードが約12万円、走行6万キロ台、最近はブルーバードの10年落ちで、走行2万キロ台の4駆限定車が約30万円。ブルーバードは見た目はピカピカで、おやじ臭いのを除けば満点です。これは当たりでしたね。

田舎は生活や通勤で乗るから、年間2〜3万キロは走ります。アコードは2年しか持たなかった。ブルーバードは、4年ぐらい持ちそう。地方における車はしょせん消耗品です。通勤定期みたいなものだから、コストを取らないといけませんよね。

ちなみに買い方ですが、ネットのユーズドカーサイトを見て選びます。Ｇｏｏとか多いかな。そこで美味しそうな車を見つけたら、あたりをつける。狙い目はあまり人気のない車です。ブルーバードは過去に1台、だから計2台も買っています。使用年数はあまり関係ありません。気にするのは走行距離です。それはミッションがダメになると致命的になるから。オートマの場合、12万キロぐらいあたりで、ガタが来ます。だから走行12万キロを目標に、逆算して何年持つかを考えればいいのです。

例えば10年落ちのブルーバード、走行2〜3万キロ台で、20〜30万円とかね。そういうのがあったら即連絡です。実はお値ごろの車は、すぐ売れるので、めげずに似たような車を探す。これ大事です。

そうこうしているうちに、何回目かのアプローチで在庫ありで、見に行って、兄貴に写真送って決めてもらう。でも写真を見たって分からないから、こっちがインプレッションで決めるほうが多い。あと中古車のランクとかね。教えてくれる人もいるから、そこでだいたいレベルを測れます。

というか、もっと驚くのは、宮城から取りに来ますと言っても、中古屋さんは平気な顔しているんだよね。「地方のお客さん多いよ、来週福島からお客さん来るから」って言うわけ。ネットが普及したおかげで、今や情報格差がなくなってしまった。新幹線に乗ってくれば輸送コストは、1万〜2万円で済む。帰りは「仮ナンバー」をもらって、乗って帰ればいいのです。それで地方の約半額で買えるなら、やらないテはないです。

そんなわけで、中古車は首都圏の安いのを買うに限ります。マジで田舎の業者が、買いに来てますからね、今やそういう時代になってしまったんですな。

究極の一丁あがりの商売。クレジットカード代行業とは

これは別に役立つ情報ではありませんが、
世の中にはこういう、霞を食べて生きている人がいるってことを、
理解していただければ結構、という話です。
クレジットカードに手数料というのがあって、
元締めの有名カード会社の場合、飲食店が2％程度だそうです。
これを東京のエージェントが、店に卸す価格が3・5％程度。
つまり1・5％程度がマージンとなります。
これは売り上げの1・5％ですからね。
100件ぐらいの店を押さえたら、何億円というお金が、
勝手に入ってくるのです。
いやあ、その話、是非乗りたいんですけど、無理だろうなあ。

水商売で当たった人の趣味は、金勘定と揶揄されて久しいです。確かに儲かった人は、やることがないので、金貸しに転身してお金を増やすのが常です。焦げ付きは専門の回収業者に任せればいいので、さほどリスクはない。けど金貸しじゃねえ、人前で堂々と言えないじゃないですか。

そこで知恵のある者が、新たに開発したカスミを食う商売を見つけました。紹介するので、皆さんもそこを目指して頑張ろうではないですか。

究極の一丁上がりの商売とは、クレジットカードの代行営業です。クレジットカードは使用したら、手数料なるものを、本部に払わなければならない。手数料利率は契約で微妙に違ってきますが、世界的大手のカード使用で、飲食店の場合約2％程度です。日本で代理店をやる場合は、そこにさらに手数料を上乗せする。例えばキャバクラなどの類で、1.5％乗せてトータル3.5％にする。これはかなり良心的な数字です。もしこれが新規開店で、コネも保証人もいない場合、7％ぐらい取られるのがザラです。つまり飛ぶリスクもあるからと、金利が高くなるのです。

水商売の世界、弱者は金利ビジネスの餌食になりがちです。だからカード払いのお客さんは、別途10％頂きますなんて店も出てくる。それだけ手数料が高いという証拠です。

そしてこの手数料に目をつけた、飲食店のオーナー連中は、知り合いの店を束ねて、手数料の利ざや商売を始めます。年間でいえば、1件3〜4億円の売り上げなんてザラの世界。そんな店を100件集めてみなさい。しかも、総売り上げの1.5%ですよ。トータルの売り上げ300億円としても、4.5億円転がりこむ勘定となります。

これが俗にいう、社交飲食組合商売です。一応組合になっているので、丸ごと儲けというわけにはいきませんが、でも消えてなくなることはない。理事とかになって、名目上は運営費とか、手数料代とかになって、ちゃんと懐に転がりこむことになっています。この手数料利ざや商売、昔からあって、いろいろ問題も生じています。最近ではETCカード導入前の、高速道路の大口団体割引商売がありました。実は20年ぐらい前に、知り合いの頼みでBMWなのに、自営の営業車ということで、無理やり団体割引の会員にさせられたことがあります。

元締めは関西にあって、基本はトラック組合みたいなものらしいです。団体割引の利率でいうと、元締めは最大15〜20%ぐらいあったかなあ。それで組合員の私は7〜8%の割引となる。こっちとしても、そんだけ割引なら悪い話じゃない。元締めは、何万台の車から、数%以上の利ざやを得るわけだから、そりゃ儲かるよね。ETCカードで廃止になったけど、実は巨額の資金はどこに流れたみたいなことになってて、そろそろ突っ込みどきらしかったようです。

というわけで、昔から結構ある手数料利ざやビジネス、あくまで組合方式で、利益の独占は許さないのが建前ですが、おそらくどこか抜け道があるのでしょう。だってどこの繁華街にも、そのテの組合があるのだから。でも一番儲かっているのは、クレジット会社の本部だろうなあ。大したことせずに売り上げから金利をかすめれるんだから。クレジットカード発明した人は偉大ですよね。

軽自動車をオサレな白ナンバーにする方法

以前から言っているのだけれど、軽自動車を爆発的に売るには、
あのダサイ黄色いナンバープレートをなんとかしろと。
そう叫んでいたら、本当にそうなりました。
東京オリンピックを記念して、軽自動車のナンバープレートの
色を白に変更できるというのです。
図案化したナンバープレートという名目で、
多少お金がかかりますが、結果は大成功。
白ナンバープレートに変える人が後を絶ちません。
これを機に、黄色ナンバープレートを、廃止すればいいと思いませんか。

コスプレを着たマリカー（外国人に人気の小型レンタルミニカー）は、今日も東京・六本木の街を走っておりますなあ。そのマリカーを見て、みんなが小さい車に乗れば、渋滞も解消される。案外効率の良い、移動手段かもと思った次第です。

実際は、カートが増殖しても危なっかしいので、軽自動車が増えればと思います。そんなことを考えていたら、去年から軽自動車のナンバープレートが、黄色から白も選べることになりました。これは２０１９年のラグビーワールドカップにあたっての、図案化ナンバーの採用によるものです。細かい話は置いておき、通常ナンバー登録料に、プラス１０００円ぐらい払えば、白ナンバーに変えられます。これで軽自動車に乗っているって、バレずに済みますね。

それでは日本の軽自動車の割合はどれぐらいでしょう。ざっと34%、３台に１台が軽自動車です。けど東京の軽自動車比率は約14%って、全国比率の半分以下。ここです、渋滞解消ポイントは。

さっそく、どんな軽自動車がいいか調べたのですが、が〜ん、多くの車が、四角くてマッチ箱みたいなのに驚きを隠せません。しかもメッキが眩（まぶ）しすぎるし。これじゃ白ナンバーをつけても、軽自動車ってバレバレじゃん。

軽自動車の多くは、経済性&利便性を追求し、たくさん積める箱形です。一方、ホンダS660のようなスポーツカーもありますが、これは逆にカッコのみで、利便性に欠けます。なんでこうも、両極端なんでしょうか。

昔はパジェロミニなど、人気車の小型版があって好きでした。スズキジムニーは固定ファンが多いですが、これは別格。もっと街乗り風が欲しい。

そう考えると日産DAYZあたりが、ミニバンのミニ版みたいで、好感がもてますね。

各社がフィットやプリウス、NOTEあたりのミニ版を作ればと思うんですけど。しかも、4人乗りはどうですか。軽自動車は長さや幅に制約があるので、前座席を1人にして、カッコ良くし、3人乗りもありかもしれません。

うちの宮城の田舎じゃ、高校を出た娘に「軽自動車を買ってやるから、地元の信用金庫さ、就職しろ」と諭す習わしでした。だから軽自動車は、女性向きのファンシーな、車が多いのです。そこらへんも、白ナンバー化を機に、今一度再考し、軽自動車のオトナ化を、考えてはいかがでしょう。

エキサイトスポット 5

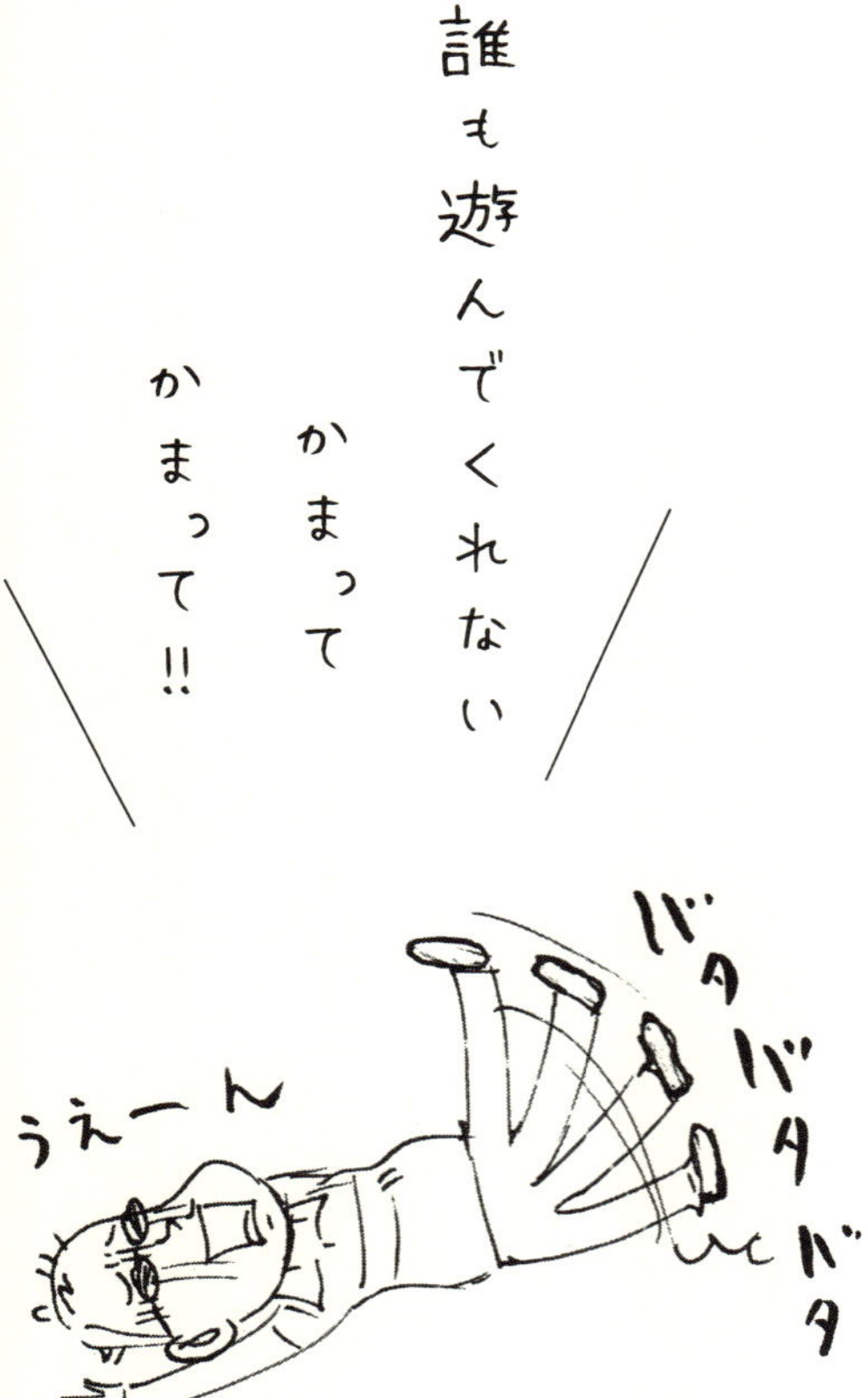
誰も遊んでくれない
かまって
かまって!!
バタバタバタ
うえーん

次第に枯れてきている、オヤジの下半身ですが、
使わないともっと錆びますよ。
使ってないと前立腺の病気になりやすい、という説もあります。
店に行く、行かない、あるいは自分がイク？イカないは別として、
有益な情報として読んでみてくだされ。
読んでいるうちに、行動を起こしたがれば幸いです。
読んで納得するだけもよし。
気持ちを若く、ただそれのみを願います。

出張先の夜の街を歩くと、ムラムラするのは何故か？

知らない街に行って、気の向くまま、さまよう。
「何かいいことないかな、子猫チャン」って、
それはウッディ・アレンの映画だっちゅうの。
妙な期待をするのは、マーキングの一種と思えます。
犬が散歩中に、オシッコをかけるでしょ。オレの縄張りだぞって。
それと同様に、知らない街で、いけないことをしたがるのは、
ここにオレは立ち寄ったぞ、という証拠を残したいからでしょうか。
というわけで、その説を実証すべく、どこかに行ってみますか？

先日、田舎の友人が東京に来るというので、軽く東京の遊び方をアドバイスしました。しかし、どうも情報過多というか、妄想はなはだしいようです。なにしろ「東京にはいい女がいっぱいいいて、しかも福沢諭吉先生を数枚使えば、なんとかなる」と、声を上ずらせながら力説しているのです。

なにかい？東京の風俗に行けば、佐々木希（以前、映画で風俗嬢役をやっていた）に会えるとでも思っているのかね。それは映画の世界であり、現実的にはやや劣化した佐々木希似のコに会えるかも知れないというだけ。そこらへんで妥協をしないと。

旧友はせっかく東京に行くからと、穴場スポットを調べまくり、夜の探検に忙しそうです。個人的には東京でのエキサイトな行為は、すでに卒業した感があります。昔は行っていたが、なんかね自分のホームタウンで、パンツ脱ぐのはいかがなものかと。

つまり、よその街に行くと、妙にそわそわし、飲んだ勢いでムラムラしてくる。これってなんでしょう。マーキング行為という人もいるし、排泄行為はほかの街でするって考えもある。観光的な見地でいうと、「旅の恥はかきすて」とでもいうのか、せっかく行ったんだから、楽しまないと損だ。多分故郷の友達も、そう考えて、東京ナイトを楽しんだのでしょう。

じゃ、日本のローカル、エキサイトタウン巡りをして、暑気払いをしようではないか。日本一のローカル歓楽都市は、なんといっても札幌はススキノであろう。

出張&観光で成立している繁華街・ススキノ

ここは全てが楽しい。まずキャバクラですが、内地と事情がちょっと違います。席につくや女のコが片足をかけてくる。これが「基本姿勢」という。しかも店によるが、服のうえからのソフトタッチ、ノリノリになればチューもありというのが、ススキノのキャバクラです。じゃ東京でいうところのキャバクラはあるのか。それは「ニュークラブ」と呼ばれて、しっかり営業しています。

なんで札幌のキャバクラだけ、内容が違うのか。それはですね、札幌は出張や観光で成立している街だからなんです。あなた品よく、美人な姉ちゃんと酒を飲んで、1泊しかない出張を、カッコつけて終わらせていいのかい？ 別に何も起きないですよ。アフターに誘うったって、店が終わるの遅いし、眠くてしょうがない。

そんなわけで、わずか1日しかない札幌旅行を有意義に過ごすためにと、密着度が高い基本姿勢のキャバクラが編み出されたのです。キャバクラでそうなんだから、ましてや本当のセクシーキャバクラや風俗は推して知るべし。札幌のその類の店はとにかく芸が細かい。

M性感とかね、わざわざ札幌まで行って、M男になれって、クラーク博士は教えてないと思いますよ。なにしろ六本木ヒルズに対抗して「ヘルスヒルズ」ってビルがあって、上から下まで全部風俗店には大ウケだった。六本木ヒルズも、苦笑いでしょう。

札幌の街のポンひきの兄ちゃんの数も半端ない。ちょっと高いかなと思えるプチぼったはよくあります。無難なのは案内所ですが、それは民間業者がやっており、当然そのグループの店しか紹介しない。でも案内所では、交渉していったん料金を決めると、それ以上取らないので安心です。

大手広告代理店の有志が作成した、「Sマップ」という手書きの地図があるが、それが細かくて懇切丁寧にガイドしてある。ラーメンや寿司屋から、キャバクラ、風俗店まで、ここに行けば安心して、大満足というふれこみだ。それは何年かに1回更新してるんだが、いつも使っていい思いをしている。ツテのある方は探してみてはいかがかな。

風俗サービス、受けか攻めか論争について

もし風俗に行ったら、何をしたらいいか分からない。
そういう方がいるんですが、まあ基本は、高級寿司屋と一緒で
「お任せ」でいいんじゃないですか。
それを風俗界では「受け」といいます。
一方、オレは未だ現役で、自慢のテクニックを試したいという方は
「攻め」を所望すればいいです。
けど可愛いコは、毎日攻められ続けて、反応が鈍い。
あれ〜オレって下手なのと、自信を喪失することもあります。
というわけで、攻め派は、店に入りたての新人を狙いますね。
ただその新人が、「本当の新人」か、単にほかの店から移った「移籍組」かは、
永遠の謎なんですけどね。

お待たせしました。いよいよめくるめく風俗の世界に誘いたいと思います。皆さん想像力豊かですから、風俗に行ったら、あんなこととか、こんなこととか、いろんなプレーを想像することでしょう。ですが、風俗の世界では、サービスにおいて、大きく二つの流れがあります。それは何か？　例えるなら、世界一の劇作家、ウィリアム・シェークスピアが平成の世に舞い降り、渋谷のヘルスに行ったと想像して下さい。人間の心の奥底に潜む闇の部分を、白日の下にさらす彼なら、きっとこう言ったと思います。

「受けるべきか、攻めるべきか、それが問題だ！」

出ました、ハムレットばりの名言が。これぞ、風俗界の永久命題です。風俗は高いお金を払ってサービスを受けるところですから、ビギナーとしては、受け身で結構です。けど、相手が美人だったらどうしよう。本能的に口説いてしまう。すなわち攻めてしまうんですな。あれこれ戦略を迷っている暇はありませんよ。あなたは、お金をケチって30分コースにしているのですから。

というわけで、個別にいろいろ考えましょう。まずは究極の受け身プレーをレポートします。これは風俗好きの某編集者からの、話です。中央線沿線の某ピンサロに、Mちゃんという人気ナンバーワンがいて、その技術がトレビアンだという。

頼もう〜と諭吉を握りしめて行ったはいいが、現れたのはゴリラーマンの妹風だった、あほか。「ナンバーワンって美人じゃないの？」と、その風俗担当に言うや「テクが凄いので顔を見てませんでした」って、おいおい。その場は諦め、身を委ねる。いきなりチューをしてくるが、全く嬉しくない。むしろ涙目。それでは自慢の、テクを見せてもらいましょうか。

「お〜この吸引力はなんだ」まるでダイソンの掃除機で吸われているみたいだって、それは痛すぎだろ。わけがわからぬが気持ちいい。しかも、ビブラートを効かせているのか、ジュポジュポと音がしてくる。「目を閉じて、何も見えず〜」って、「昴ｰすばるｰ」の冒頭の歌詞が頭をよぎるではないか。

そうなのだ、受け身は目を閉じれば極楽なのだ。「エリンギ」だって、目を閉じて食えば「松茸」になるし、「とびっこ」だって、目を閉じて食えば「キャビア」になるってものよ。目を閉じたまま、サービスを受ければ、美人ヘルス嬢の超絶テクという設定に早変わり。そして、目を閉じたまま果て、余韻を噛み締めながら店を出た、ほんまかいな。

究極のお大尽遊びとは？

なんか自分に言い聞かせているような気もしないですが、今度は怒涛の攻めダルマの話。なんで人はヘルスで攻めるのか?　デカルト的な、「我思う、ゆえに我あり」思考で言えば、**「我美人と思う、ゆえに攻めあり」**ってことです。最初のご対面で、「お〜ちょ〜可愛いコが現れた」、これはきっと未開発にちがいない（その考えがすでに間違ってますが）。「じゃ、おじさんがたっぷりと、え〜こと教えてあげましょうや」と、その昔、自販機のエロ本で培った妄想を、実践してしまうんですな。こんなことも、ありました。某有名観光地でのお遊び体験。なんといきなり、ハーフ美人が登場。ワンダフォー！と思い、第三種接近遭遇体制を整えって、ＵＦＯかよ。オレのへその下の遮断機もカンカン鳴り響くってときに、その美人さんはこうのたまわった。

「私の感じるところ、当ててみて〜」

これぞ渡りに船、攻めダルマから、舐めダルマに変身し、願わくば如意棒の出番を待ったりして。しかし、現実は厳しい。その娘は、うんともすんとも言わない「マグロ」。英語でいう「ツナガール」だったのだ。ここか?　そこか?　と聞いているうちに時間切れ。

今思えば、これが彼女の作戦だったようにも思えるって、そう決まってるだろ。いや参ったっす。ルキノ・ヴィスコンティ監督が同じ目にあったら、きっと、こう言ったでしょう。

「ヘルスに死す!」

ヘルス界では、あまり可愛くないコが来たら受け身で、可愛いコが来たら攻めろといわれていますが、まあそれは、ケースバイケースで、お好きなように。

究極のお大尽遊びはなんだか知ってますか?それは、風俗嬢相手に服を着せたまま、何もしないこと。普通は「このお客さん、○ンポに自信ないのね」と思われるが、たまに風俗嬢が惚れることもある。何もしない客は物好きが多いが、たまにやり手のスケコマシがいるってことですな。

なぜ⁉　美人なのに風俗嬢になった理由

風俗と一概にいいますけど、最近の風俗は凄く進化しています。
多くはデリバリー系で、ラブホテルや、
地方なら自分の部屋を使ってサービスを受けます。
そして容姿は、値段に比例して、2万円ぐらい払うと、
あれまあ、凄くめんこいギャルだべさとなるのです。
なんでこげな、可愛いコが身を落としているんだ。
いやいや、本人は身を落とした感はないですから。
余計な詮索はやめて、プレイに没頭しましょう。
なんで美人風俗嬢がいるかは、読めば分かりますよ。

ちょっと前にニュースとなった、元銀行員の巨額詐取事件というのがありました。コンピューターのシステムを悪用し、銀行からひき出した額は11億円にも、のぼるそうです。そのお金で愛人にマンションを買ってあげたとか。しかも、その愛人は、風俗店で知り合ったそうです。トータルで1億円以上、愛人に貢いだのだから、その風俗嬢は、さぞかしいい女、美人だったんでしょうね。

今回は、風俗嬢の中には、美人が結構いるお話です。そんなに美人なら、モデルでもキャバクラ嬢でも、愛人でもやれたでしょう。なにゆえ風俗嬢になったのか。その謎を追いたいと思います。

過去に、なかなかの美人風俗嬢に巡り合えたことはあります。そういうときは、小躍りしますね。だって、売れっコのキャバ嬢レベルが、いろんな濃厚サービスをしてくれるのですから、盆と正月が、いっぺんにやって来た感じでしょうか。

こういう大当たりにでくわすと、まずどうするか？とにかく誉めまくります。

「すげえ〜美人。ひょっとして昔、アイドルやってたでしょ」

「いやあ〜こんな綺麗なコみたことないよ」

「実は読者モデルで、ギャラが安いからやってんだよね、どっか雑誌出てないの？」

とまあ、とにかく褒め殺しあるのみ。相手は、言われて悪い気がしません。おのずと密着度は増し、サービスも熱心になるというもの。それで、決定打はこうです。

「充分、キャバクラでもトップ取れるのに。なんでここにいるの?実は昔、キャバクラにいたでしょ」

こう言われると、半分ぐらいのコは「実は、キャバ嬢やってたんだよね」と、語りだすのです。綺麗なコの元キャバ嬢率は非常に高いです。

「六本木の○○ってとこに、3年前にいた」

なんて言葉が発せられたときは、脳下垂体から、海綿体を充血させろと指令が出されます。だって足しげく、何十回も通って、チューすらできなかった、キャバクラ店のコが、ここに、あらぬ姿で座っているわけでしょ。

この段階で、美人風俗嬢と美人キャバクラ嬢が、いっぺんにやって来た感じですか。もはや盆暮れじゃない、誕生日とクリスマスも一気にやってきた、ひとり炎上状態でおます。

そんなわけで、都心部のオサレなエリアの風俗店の、1万5000円以上の料金の店に行くべし。こういう美味しいことが、まあまあの確率で体験できますぞ。

ちなみに、なんでキャバクラを辞めて、風俗店で働きだすか。いろんな事情があるようですが、聞き取り調査の結果、こんなのが出ました。

1「夜がダメになってさ」

自宅に戻ったり、生活パターンの変化で、水商売が出来なくなった。これはもっともです。だから、家が厳しい良家の子女などが、夕方、風俗店にいたりもします。女子大生率も昼間の方が全然多い。それはそれで、興奮しますが。

2「喋るの苦手なんだよね」

「そういっても、こうやって喋ってるじゃん」と言うや「1対1ならいいけど、キャバクラは、みんなに気を使って、愛想笑いもしなきゃならないじゃん。それがしんどくて」う〜む、愛想笑いが辛いけど、他人の前で全裸は辛くないというメンタリーが、未だ凡人には理解できないのだが。きっと菩薩様のように、慈悲の心に溢れているのでしょう。

3「人と競争するのが苦手だよ」

「成績貼り出されて、客にメールしろとか、同伴しろとか、そういうのが苦手でさ」

気持ちは分かります。けどそういうコに限って、プレイが終わると、名刺の裏にかわいい丸文字で、メッセージを書いてよこしますからね。なんだよ、実は筆マメじゃん。

4「黙々と作業するのが好きで」

「喋っているなら、手を動かした方がいい、だからスマホゲームとかも好き」

風俗は愛情表現じゃないんですか？ なわけないだろ。そうかあ、優しい愛撫も「作業」だったんだ。そう思うと、もともこうもないですが、流れ作業と割り切ってやらないと、風俗嬢は勤まりませんからね。やや同情します。

5「風俗は、しっかり稼げるからね」

「キャバクラの給与システムがよく分からない。指名や同伴、ノルマをこなしても、たいしてもらえないのよ」

キャバクラは指名10本以上で、指名料の半額バックとか、システムがややこしい。風俗は1本抜いて幾らと単純明快。しかも、現金客が多いから、日払いも可能。そこが強みかも。

6「店舗型が安心だよね」

最近は出張型の風俗が主流ですが、都会の一部には、「店舗型」の風俗店が残ってます。これは雑居ビルのなかに、受付と待合室、シャワー室、そしてプレイブースが備わっているもので、近くに従業員がいるのがお約束です。部屋は天井部分が空いてて、声が漏れます。これで、女のコは変なお客さんが来ても、安心というわけです。店舗型の古き良き、風俗の雰囲気を味わうなら、一度はお試しを。

どうです。美人風俗嬢を求めて、「一期一会」の旅に出たくなったでしょう。皆さんの、健闘を祈りますぞ。

街に潜む風俗嬢の見つけ方

キャバクラ嬢と風俗嬢の数、どっちが多いと思います？

私はどっこいどっこい、あるいは、風俗嬢がやや多いかなって思います。

それは何故か？それは風俗店は、

朝から深夜まで、フルで営業出来るからです。

だから親がうるさい、良家のお嬢さんとかが、店にいたりするのです。

昔に比べて、こんなにも違うのかとびっくりしますよ。

実は、あなたが最近気に入っている、

喫茶店のお姉さんが、風俗嬢だったりして。

妄想は尽きませぬ。

そういうことが、現実にありえるのが、今の日本といえますね。

今度は街で見かける美女の中から、風俗嬢を探したいと思います。最近の風俗嬢は、美しくてスタイルも良く、モデルやキャバ嬢と見分けがつきません。けど、仕事がら覚えた癖や習性がありますから、そこを突いてみると、意外なリアクションで風俗嬢と判明することもあります。

まずは基本をおさらいします。風俗嬢に対して、絶対言ってはいけない言葉を知ってますか？ それはもう、このひと言に尽きます。

「チェンジ！」

これは天空の城ラピュタの滅びの呪文、「バルス」級の破壊力を持ち、風俗嬢の全人格を否定する言葉とされています。美人風俗嬢は滅多に言われたことがないから、関係ないだろと思うかもしれませんが、言われたことがないからこそ、逆に言われたらショックなのです。というわけで、そこはかとなく魔法の言葉を投げかけてみましょう。

「ジャイアンツ、8回の裏、満塁でバッター阿部、三振、チェンジです」

なんて中継がテレビから流れて来たら、「チェンジかよ〜」と大声を出して不満げな顔をしましょう。そのとき、傍らにいた女性がビクッ！としたら、怪しいです。立て続けに「オバマ前大統領もチェンジ、チェンジって言ってたなあ」と言って、たたみかけます。ここで不機嫌そうな顔をしたら、相当怪しいですね。

続いて気になる女性の前で、「風邪ひきそうだから、うがいするわ」と言って、買って来たイソジンを開け、「これどうやって飲むんだ?」と、つぶやきます。イソジンは薄めて口をゆすぐ、うがい薬ですが、案外使い方は知らないもの。風俗関係者なら、教えてくれるでしょう。もし相手の女性がトボケていたら、イソジンを原液のまま、口の中に入れましょう。そこで「わ〜ダメ〜」と言ったら、知ってて知らないフリをしたわけで、かなり風俗嬢くさいです。

ほか風俗嬢の特徴としては、会議などで「先に会議室に行ってて下さい、部屋についたら連絡して」と指示を出します。そのとき「今、入りました〜」と連絡が来たら、風俗嬢です。普通は「会議室に着きました」ですから。

さらに仕事を与えると、タイマーをかけるコは風俗嬢ですね。「これ1時間ぐらいでやって」「了解です」と言って、タイマーをなぜか55分間でセットして頑張る。すでにタイマーを持ってること自体が怪しいし、達成5分前にセットするのもプロの技です。問いただしても「タイマーかけると、もの凄く集中できるんです〜」と天真爛漫におっしゃるでしょう。

深爪の女は、ワケありの可能性大!!

合宿やセミナーみたいな集まりで、「夕飯前にシャワー済ませておいて、今日は人が多いから、シャワーはひとり5分」と言って、「え〜!」とか言わないで、当たり前のように淡々とシャワーを浴びるコは、風俗嬢です。短時間のシャワーに慣れているコは、そんなにいません。逆に「時間あるからゆっくりして」と言っても、5分以内にシャワー浴びて来るコも風俗嬢くさい。仕事がらシャワーは早く切り上げるんですな。

風俗関連のコはとても清潔好き、特におしぼり、タオル類に対して、異常に潔癖です。ちょっとでもシミがあったり、汚れていたり、畳んでないと許せない。そして自分の手を大事にする。念入りにハンドクリームを塗って、メンテしているコは多いです。仕事柄、石鹸を多めに、長時間使うので手が荒れるのです。

そして若くて綺麗で派手なのに、深爪なら風俗嬢のオイニーがプンプンします。仕事の性質上、爪を伸ばすのは御法度です。加えて、付けづめで、派手に演出しているコは元風俗嬢くさいです。爪が伸びるのを待てないのでしょう。

そして何気にスマホで写真を撮ろうとすると、手で目を隠そうとしたら風俗嬢。かといって、写真そのものを拒否をしているわけではない。ついつい、風俗嬢の撮影ポーズの癖が出てしまうんでしょう。

そして「一番好きな映画は、プリティ・ウーマン?」と言って、微妙なリアクションをしたら風俗嬢です。いまどきこんな古い映画を若いコは知りません。ジュリア・ローバーツ演ずるコールガールの、シンデレラストーリーですから。そうなるとリチャード・ギア風に演ずれば、モテるのか。「このブティックで好きなだけ買いなさい」という設定は、どんな女のコでもトキメキますが、男側にそんな甲斐性あるわけないですね。

最後、キスが滅茶苦茶うまいのが風俗嬢です。今はキス教育が徹底しており、恋人気分を堪能させてくれます。けど、すでにキスするような関係って何でしょう?そこまでの状況なら、別に調べる必要はないんですけど。むしろ、キスの上手い素人娘という設定のほうが、興奮します。世の中、知らない方がいいこともあるのです。風俗嬢の情報を得るサジ加減が、ほんと難しい、今日この頃です。

オヤジを魅了する、温泉コンパニオン遊び

オヤジが団体で温泉に行くと、コンパニオンを呼んだりしますが、そこには涙ぐましい、努力があるのですね。

基本コンパニオンは、2時間で幾らという料金設定になっています。けど、勝負は宴会が終わってからの、延長です。

コンパニオン嬢は延長してと、おねだりをして来ます。

それはモテているのではありません。単なる営業です。

じゃ部屋で飲もうとはならず、カラオケボックスで散々絞られようやく部屋で飲んでいいというのですが。

果たして、どうなりますやらですね。

今回は、ちょっとしたお小遣いさえあれば、満足度100%の温泉遊びを紹介したいと思います。ずばり温泉コンパニオンとの宴会です。

コンパニオンの料金相場ですが、1時間8000~1万円ぐらい。2時間ワンセットで、あとは延長という、まさにキャバクラとほとんど一緒のシステムとなっています。今まで鬼怒川や箱根、石和、山中、山代などでコンパニオンを呼びましたが、いろいろドラマが生じて実に面白く、奥が深いのです。

今回は鬼怒川での武勇伝をひとつ。某雑誌の取材で行ったのですが、予約時に「若くて可愛いコをつけて」と念を押したら、旅館のチェックインのときに、予約表が見えて、そこにでっかく「若くて可愛いコ所望」って、書いてあった。すげえ恥ずかしい。

モンスター客だと思われたのか。だが実際、コンパニオンとご対面となると、ほんとアイドルになれなかった、当時でいえば、劣化したモー娘。みたいなコがやって来て、見事大当たり。何事も言ってみるもんだわ。

さて、鬼怒川温泉には、宇都宮のからマイクロバスでコンパニオンがたくさん乗り、各温泉へと分かれて営業となります。

部屋にコンパニオンがやって来たのが6時過ぎ。マジ信じられないくらい可愛いではないか。あまりの可愛さに抱きしめようと思ったが、そういうサービスはなさそうなので諦めた。隣に座らせて、酒を注いでもらう。キャバクラでいうと、同伴と場内指名と一泊旅行が一気に押し寄せた感じだろうか。これはたまらん。

あっという間の2時間だが、勝負はこれからです。彼女らは生活がかかっているので、当然延長をリクエストしてきます。待ってましたとばかりに「王様ゲームやツイスターゲームをやるなら、延長しようかな」と言うや、なんだそんなことでいいの?みたいな顔をして快諾する。じゃ部屋をかたづけて、準備をしようとしたら「まず、下のカラオケボックス行こう」って、すでにダンドリが決まっているかのような素振りで動き出します。「部屋飲みしようよ~」と言うや、「それはあとから」と言って、半ば強制的に地下のカラオケボックスに連れて行かれた。

すると同じ状況の温泉コンパニオンが、たくさんいたのに驚きました。マヌケなおっさん客は、コンパニオンの誘導のもと、カラオケボックスに集められたのだ。

子供の時間は終わりだけど

そこで1時間、それはそれで楽しい時間を過ごします。ここまで延長を入れて3時間、そろそろお開きになるが「部屋で飲むなら延長してもいい」と言うや、今度はすんなりと「いいよ」と言うではないか。なんだかなあ、大仏さんの掌でもて遊ばれている気がしてならない。

部屋につくや、頼みもしないのに、ツイスターゲームのビニールシート敷き始める。この積極さはなんだ?つまり、1回カラオケに引っ張って、それから部屋飲みという、予定調和なのだ。でも変な格好しながら、パンチラ見るのも楽しいではないか。さらに王様ゲームとなるが、たった4人しかいないから「王様と1番がチュー」が、何度も出て楽しいのだ。

宴は段々エスカレートして来て「今度は王様と女のコの誰かが、布団で添い寝3分」だぞとか言うや、相手もひきまくる。「それあるなら延長しようかな」って、一応絶体絶命のピンチに追い込んだつもりだ。さあ、火中の栗を拾いに延長すべきか、あるいはいい頃合とみて退散するか?思案中だ。

さらに「もう子供の時間は終わりなんだから」と、わけのわからぬことを言って、プレッシャーをかける。諦めてワシと添い寝しろ～、ウヒャウヒャ～と思ってたら、突然部屋にまた別な若いコがやって来た。「なんか賑やかそうだから、寄ってみたの」だ、と。これで場の空気がガラっと変わって明るくなり、コンパニオンペースに。「このコ可愛いでしょ、1時間だけ呼んであげて」と言われ、しぶしぶ承諾。というわけで、われわれの目論見は打ち砕かれたのだ。その後はまんじりともしない夜を過ごしたのであった。

後で分かったのですが、当日20人近くのコンパニオンが派遣されて、誰か1人でも延長があると、そのコの仕事の終わるまで、待たなければならないんだと。バスは1便しかない。ワンセットで終わったコンパニオンは、ほかの太い客に紛れ込もうと必死なんだそうだ。

その流れで、1人紛れ込んで来たわけで、いっぱい食わされたんだな。なかなかうまくできてるシステムですね。

デリヘル先生だけじゃない。最近の風俗&トラブル異変あり

風俗の世界に多大なる期待と、妄想を抱いている方が多いと思いますが、ここで基本を学びたいと思います。

まず風俗では本番行為は出来ません。

けど相手が、凄く気持ちよくなって、お願い本番して、となったら、してもいいです。

でも間違っても、そういうことが起こりませんから、ご安心を。

もし奇跡的に起こったら、後から怖い人が来て、お客さん、ちょっとうちの事務所まで来てもらえませんかとなりますので、お気遣いなく。

昨年の風俗関係の話題は修学旅行中に、小学校の教諭がデリヘルを利用し、懲戒免職になったニュースがありました。徳島県のとある小学校の先生が大阪に修学旅行に行き、デリバリーヘルスを呼んでサービスを受けました。なんで発覚したかというと、本番行為を要求し、デリヘル店とトラブルになったからだという。そして店側から警察に通報されて事情聴取をされ、事件が発覚したのです。

ネットでは、学校の先生が勤務中にデリヘルはまずいでしょ的な、意見が多く見受けられるが、風俗的観点でいうなら「学校の先生が勤務中に、本番強要はまずいでしょ」になります。つまり、合意のない本番を要求しなければ、バレずに済んだかもしれない。デリヘルに慣れてないのか、徳島から大阪に来て舞い上がったのか知らないが、本番強要は御法度ですよ。

そういえば、デリヘルは本番出来ないんですか?的な質問をされるが、基本的にはダメです。日本は売春防止法により、管理売春は禁じられています。けど相手が気持ちよくなって、「本番してもいいわよ〜」（この見極めが難しいのだが）になれば、成り行きで本番が出来ないこともない。ただ後で「本番をしたから、チップちょうだい」と言うコもいるので、初心者はおとなしくルール通りのサービスを受けてたほうがいい。

今回は本番を強要したうえに、チップも渡してないから、警察に通報されたのではないか。普通は「お客さんちょっと、事務所まで来てもらえませんか」的なレベルで示談となるが、何が起こったんだろうか。女性が凄い怒っているというから、先生の本番攻めは半端なかったのか?じゃ出るとこに出ましょうって、あんた児童を引率中ですよ。立場をわきまえてもらわんと。

ついでにソープランドでは本番は出来るの?という質問もあるが、それは建前上は出来ない。しかし実際はしている場合が多いと思う。(あくまで個人的推測ということで)。先日、こんなニュースがあった、吉原のソープランドが、警察から摘発を受けたという。売春する場所を提供した疑いだ。そんなので逮捕が出来るのか。だったら、全てのソープランドが営業停止じゃないか。

実はこれにも裏があって、摘発を受けたのはAV嬢をソープ嬢として店に出していた人気店だった。今、AV嬢は撮影を強要されたと言って、何かと問題になっているでしょう。AV嬢関連のヤマで、別件逮捕みたいなガサ入れだったらしい。

ソープに沈めるって、どういうこと?

では、なぜソープランドでは、デリヘルより深いサービスが可能なのか?それは元々、吉原は江戸時代からの遊郭だった場所で、そういうエリアの風俗店は、規制がやや緩い。売春防止法や風営法の施行以前にすでにあったのだから、大目に見てよ的解釈かもしれない。けど正面突破で聞きに行けば、売春は禁止だからあれば摘発すると、絶対言います。そこは注意です。

ソープランドの建て前は「入浴料」と「サービス料」とに分けてあり、あくまでソープ嬢に場所を提供しているだけで、中のプレーは一切関わりありませんとなっている。けど、何かにつけてガサ入れされる場合が多々ある。その都度、営業停止はしんどいですよ。しかもソープランドは、浴槽のでかいビルをわざわざ作っているから、潰しがきかない。ソープを延々やるしかないのだ。さらに安価なデリヘルにお客を持っていかれ、対抗措置として早朝営業で安くしている状況である。夜番と同じコが昼間に格安価格でサービスしてくれるから、ユーザー目線で見ればいい時代かもしれないけどね。

ちなみに、エロ劇画とかで「お前をソープに沈めてやる」というセリフが出てくるが、それは湯船に沈めることではないですよ。ソープランドの面白いところは、借金を抱えたお姉さんの、駆け込み寺的な部分がある。お金のあるソープ会社は、借金の肩代わりをしてくれるのだ。例えば借金５００万円を代わりに先に払い、専用のマンションに住み、緩く管理されながら、勤めてもらうというものだ。

これで案外助かっているのが、銀座などのクラブのホステスである。「ヘルプ嬢」からワンランク上がって「ウリアゲ」になると、多くは歩合で給料が貰える。そうなると顧客管理も自分でする。さらにお金の支払いも、月締めの請求書となる場合がある。だいたい請求書で払うやつはロクなやつがいない。

散々飲んで、最初はしっかり払うんだが、いざ「飛ぶ」って場合は、数百万円の飲み代を未払いにしてトンズラする。その未払いはホステスが補てんする決まりになっている。そこでお客に裏切られたとか言ってソープに駆け込み、借金を肩代わりしてもらい、半年稼ぐこととなる。

やはりソープ嬢になりたい女性は、ハードルが高くまだ少ない。けど、ソープ嬢はいい女が多いという幻想を背負っている。それを解決してくれるのが、いい女のバンス（前借り）利用なのだ。ほんと世の中、うまくできてますな。

お前も、
ネコ可愛がり
されたいのか？

恋愛・不倫

6

オヤジになると恋愛感情が薄れてきますなあ。

ネコを可愛がることを、ネコ可愛がりといいますが、

まさに、そういう感覚ですか。

人権擁護団体から、クレームが来そうですが、実はそうでもないのです。

つまり若い女性も、オヤジに対しての恋愛感情は乏しいのです。

女性がむしろネコになりたくて、猫かわいがりされたがっている。

こういう現実があります。

オレはプロしか相手をしない。素人は苦手だ。そういう方は、

どこか遠い異国の話として、聞き流してくれれば結構です。

50代男はなぜパンツを被りたがるのか

斎藤由貴の一連の不倫騒動で、

相手のおっさんが、パンツを頭に被っている写真が、

写真週刊誌に公表されたネタをもとに、

男はなんで女もののパンティを、被りたがるかの考察です。

パンツを被るのも凄いが、

当たり前のように写真を撮らせているのもびっくり。

しかも、どういうルートか知りませんが、

写真週刊誌に掲載され、全国津々浦々にまで、情報が届けられる。

日本って素晴らしい国ですねえ。

昨年、最近メディアを賑わしていたパンツを被る男性の写真を見ましたが、堂々としてて立派に見えました。パンツは白なようで、ちゃんとフリルもついていて、パンティ感が非常に漂いました。50歳ぐらいの男性にとっては、たまらない戦利品ですかね。

そういえば、今の若い人々は女性のパンツを被るという風習というか行為って理解できているんですかね。奇異に見えるのか、激しく同意するのか謎ですが、昭和の人間にとっては変態ぽさを強調するには、お約束のワンポイントアイテムなのです。

そもそも、パンツを被る行為は永井豪先生の人気漫画「ハレンチ学園」とか、そこらへんのエロ系ナンセンス漫画の影響からです。子供の頃の性への目覚めってあるでしょう。でも、リアルにそんなことはできない。代償行為としてパンツ被りがあったのです。実際にはしませんよ。あくまでイメージですから。

具体的な代償行為としてやっていたのは、好きな女のコの縦笛をなめてみるとか、ピアニカもそう。そして、偶然見つけたブルマを小太鼓のスティックで、つまんでにんまりする。そんな感じですか。そういう子供の頃に出来なかった体験を50歳過ぎにして夢を叶える。ドリームカムトゥルーっていうの？実に素敵ですね。

話を戻しまして、平成のパンツ被り写真をよく見てみると、被り方が王冠やティアラみたいで、実に威風堂々としているのに気づきます。パンティの股間部分が男性の頭頂部に鎮座し、実に神々しいです。しかも、余裕をかましてなのか、食事しながらのパンツ被りですから。これは、王冠を被りながらディナーを食べるのと一緒。まさに王族ですよ。権威と勝利の象徴としてのパンツ被り効果は、計り知れないものがあります。

小学生ならいざ知らず、なぜ50代のおっさんがパンツを被ってしまったか。あるいは被らされて、まんざらでもない表情なのか?それは、多分そういう関係であることをそこはかとなく主張したいからではないでしょうか。ここが子供のパンツ被りとはっきり違うところです。

戦国時代でいえば、「みしるし」(御首級)を頂戴つかまるといって、相手の首切って持ち帰りますよね。つまり、相手を討ち取った証拠の品なわけです。

今回のパンツ被りは、交際か恋愛か知りませんけど、セクロスした証の「みしるし」として理解したいです。最近の若者は、スマホで気軽に、相手のヌード写真なんかを撮っているようですが、元々の行為は同じ思考回路から生じています。

ただ昭和世代の人間にとっては生写真もさることながら、生パンティこそが交際の決定的証拠に思えるのでしょう。お気持ち察します。あまりにもいい女、あるいは理想の女と、ことを致すと「あれ、さっきの行為は幻か、はたまた夢だったのか」と思って、自分のほっぺたをつねってしまいまがち。やはり一番いいのは「〇メ撮り」ですが、現実的にはそうもいかない。そこで、決定的な証拠としてパンツ被りがあるわけです。でも例えパンツを被ったところで、そのパンツは返さなければなりません。じゃ、どうするって、パンツ被りの写真を撮ればいいのです。

主を失ったパンツは、セミの抜け殻みたい

パンツ被りは、原始的狩猟民族の名残りで祖先から脈々とＤＮＡがひき継がれています。誰かが教えなくても、パンツが落ちていたら、勝手に被ってしまう。もはや本能的な行為かも知れません。

かの天才映画監督、スタンリー・キューブリックの傑作「２００１年宇宙の旅」のオープニングは歴史的な名シーンです。類人猿達の前に進化の象徴、モノリスという石板が現れると、突如動物の骨を武器として使い始め、猿から人類へと、進化を遂げて行くのです。おそらくそのシーンにパンティを１枚置いたら、類人猿達はこれはなんだと

考え始め、突如閃くのです。パンティを誰が教えるでもなく、被ったんじゃないですか。そして類人猿は、ここで初めてセクロスというのを快楽の道具と認識し、正常位を覚えたのではないでしょうか。

まあ、でも主を失ったパンティというのも、なんかもの悲しいものがあります。セミの抜け殻みたいで、やはりむっちりした臀部がぎっしりパンティの中につまってこその生きた下着なのです。畳の上の「鯉のぼり」も悲しいが、薄っぺらなパンティも悲しい。そこで、自らの頭頂部を利用して、パンティを生き生きと蘇らせたのでしょう。

太宰治が生きていたら、この騒動を、きっとこう書いたかも知れませんよ。

「富士額（ふじびたい）のオヤジには、パンティがよく似合う」

セックス依存症、許される不倫の境界線

2017年は不倫が一大ブームとなった年でした。
そこで政治家から芸能人から、一般人まで不倫しまくりでした。
やはりどこかで線ひきをしないといけません。
基本、税金で活動している国会議員は、不倫御法度ですね。
山尾ガソリーヌ議員なんか、ぬけぬけと、相手側の男性を
ブレーンに戻していますからね。
山尾さんの活躍で、自民党が選挙で大勝したのでいいですけど。
今後も紛糾する話題を振りまいて下さい。
というわけで、いろんな不倫、
許される不倫もあるというお話をしていきます。

最近芸能人の不倫騒動が連日のように報道されていますが、ニュース量のほうが多くて、もはや誰も不倫のニュースに耳を傾けないのではないか。そんな時代の変化をひしひしと感じています。そもそも北朝鮮のミサイルが日本上空を通過するってタイミングで、不倫のニュースばかり流しますか？もっと先に報道すべきことがあるでしょ、そう思えてなりません。

最近の不倫ニュースを賑わしているお笑い芸人は過去にも何度か不倫騒動があり、今回もまたって、懲りないですねえ。「一線は越えてない」というフレーズが一人歩きして、流行語大賞を取るような勢いです。不倫相手とホテルまで行ったけど、未遂でしたと素直に認めたから偉いんですけどね。その先は大人の判断で想像をしましょう。

そもそも不倫とは当事者間の問題であり、第三者には関係ない話です。我々民間人は特にそうでしょ。当事者間がクリアならば、揉めないと。ただ芸能人はＣＭなどにも出ているので、倫理的にどうなの？という疑問符がつきます。そこが問題だったのです。しかも、お前だけ家庭を持ってお金をたらふく稼いで、さらに「愛人だと、ふざけんじゃない！」というやっかみもあると思います。というか、やっかみがほとんどでしょ。

でも、最近の不倫騒動でちょっと風向きが変わって来ている傾向があります。アラフィフ女優の手つなぎ不倫でも正直に気持ちを語り、「怖くてまだ夫とは喋っていません」などと言われると、逆に同情したりして。

そんなわけで、芸能人&著名人の多少許せる不倫についていろいろ書いてみたいと思います。具体的に許せる不倫とはどういうケースか。

1　正直に語る人

不倫報道が出たら速攻で平謝り、そして奥さんの激しい怒りを受けて座敷わらしのように正座して、説教を受ける。これなら多少やっかみ部分が減って、皆さんの怒りは収まるかも。

2　速攻別れた人

一時の気の迷いでしたと速攻不倫相手と手を切り、元の鞘に戻る人。さすれば不倫が浮気になり、しかも未遂と自分でいえば、「魔がさした」ということで、大分非難されなくなります。まあこれは必須アイテムですよね。

3　過去に大病を患った人

白血病だった俳優、胃がんで胃を摘出したお笑い芸人など一時は死を意識し、そこから復活した人は個人的には許したいです。拾った命なのだから、好きに使っていいと思うのですが。まあそれでもハリウッドで活躍するぐらいの大物となると、「心技体」と横綱並みの素晴らしい人格を求められるので、痛し痒しってところですけど。

4　お笑い芸人

同じ芸能人でも、お笑いの方は1回ぐらいの不倫騒動があっても、ちょっとした謹慎で戻れると思います。アイドルや独身女優は清純派で、不倫にむしろ厳しそうなキャラだから、やってはいけないのです。「あなたが率先して不倫しちゃ、あかんやろ〜」そういうことですね。

5　50歳を過ぎた女優と70歳を過ぎた男優

もう50歳過ぎた女優さんとか、更年期障害もあるでしょう。女性として謳歌できるのは残り短いです。そしたらあとは、当事者同士で解決すればいい。マスコミが突っ込まなくてもいいと思うんですけど。男性だったら70歳ぐらいですかね。おじいちゃんの年齢になったら、好きに生きて構わないと思います。むしろ不倫を誉めてやりたいくらいですわ。

6　別居歴が長い人

いろいろ事情があって、実情としては結婚生活が破綻している人とかは、不倫してもあまり咎めないほうがいいんじゃないですか。某国会議員の、不倫相手の議員さんはダメですよ。自分で結婚生活が破綻していると言ってるだけですから。第三者が見て、結婚生活が破綻している人、そういう人のことですからね。

7　セックス依存症の診断書を持っている人

アメリカのプロゴルファーみたいに、セックス依存症になったら仕方ないです。誰もセックス依存症の診断書を見たことがないので、是非見たいです。診断書を公開したら、それは病気なのだから、仕方ないですよね。多少の同情が集まるかも知れません。

以上、7つほど挙げましたが、そのうち2～3つあてはまる人は、不倫しても滅茶苦茶干されることはないですかね。けどこれは私案ですから、これを真に受けて不倫しないで下さいね。

女性で最近アンダーヘアを処理するのが流行って来て、ある先端女性の間では当たり前のことになっているようです。このネタは3年前に、ここで書いたのですが、全くウケずで、ガン無視されました。このように3年で時代の風潮は変わります。芸能人の不倫も、ある条件を満たせば部分黙認というか、糾弾されつつも、復帰は早い時代になってきたのではないでしょうか。

ファザコン娘を見極める。
ハリウッド流オヤジ好き女性の探し方

オヤジ目線で、若いコを見れば、みんな眩しくて、
オレなんか相手にしてくれないよなあ。
そう思えますが、なかには特別天然記念物級の、珍しいコもおります。
それはオヤジが大好きな、「オヤ専」といわれる方々です。
その見分け方を伝授しますから、御参考までに。
オヤジでも、ショーン・コネリーがいいとか、ぬかすコがいますが、
温水洋一タイプはダメなのか〜。
そこが問題でもあります。

世の中には、オヤジ好きの若い女性が結構いるものです。例えば、ハリウッドが生んだ絶世の美女、グレース・ケリーですが、実はファザコンで、おっさん系の共演俳優と浮き名を流していました。ゲーリー・クーパー、ビング・クロスビー、クラーク・ゲーブルなど錚々たるオヤジ俳優が、グレース・ケリーと恋仲ですからびっくりです。

これは、グレース・ケリーの母親がインタビューで「うちの娘はモテて共演俳優とおつきあいしていた」と言っちゃったから、大騒ぎになったのです。一番衝撃を受けたのは、旦那のレーニエ大公で、グレース・ケリーを恋愛経験の少ない女性と思っていたらしく、ショックは相当なものだったとか。

それはいいんだけど、グレース・ケリーの取り巻きで、最大の功労者であるアルフレッド・ヒッチコック監督とはどうなんでしょうか。ヒッチコックは、そこらへんの俳優とはランクが違います。『裏窓』や『ダイヤルMを廻せ!』などで、彼女を主演に抜擢し、不動の大女優に押し上げた人物ですから。ヒッチコックもグレース・ケリーのオヤジ好きの噂は聞いていた。ならば、オレもと口説いたんだけど、それが全然ダメだった。グレース・ケリーが関係者に語ったのは、「あの人だけは、無理」という言葉でした。確かに、ずんぐりむっくりの体型だから、生理的に受け付けなかったのかもしれません。

ヒッチコックはグレース・ケリーが女優を引退しても、熱心に再デビュー話を持ちかける、よき理解者でありました。こんなに熱心だったのは、やっぱり口説けなかったからなのか？そこは神のみぞ知るの世界ですけど。

ここまで分かったことをまとめると、おやじ好きな女性でも限界があるということです。脂性のデブや頭の毛が極端に薄い方は、可能性は低いようです。グレース・ケリーは、お金になびきませんが、一般的な**オヤジ**なら、金銭的出費で夢が多少叶えられます。すなわち風俗に一度行って、若いコに慣れておくというのも、将来の壮大なビジョン達成のためには、必要なのかと。

さて、**オヤジ**はファザコン娘を狙えということは分かったのですが、問題はどう見つけるかです。それはマーケティング調査の実施です。具体的にいうと、

1　お父さん好きを調べる

「お父さんと仲がいいの？」と聞いて「仲いいよ、一緒にポケモンGOやるし」なんて、相手が答えてくれたら、それは相当脈があるというものです。父親と仲がいいコは、少なからずファザコン気味ですから。

2　家庭環境も聞いておく

実は離婚してて、お父さんは家にいないとか、死別している。あるいは単身赴任で、ほとんど会えない。はたまた凄く厳しい父親で困っている（グレース・ケリーはこのタイプ。厳しい父親に認められたかった）、なんて場合も、ファザコンの可能性あり。ここは一歩踏み込んで、お父さんの代わりを演じようと、試みて下さい。

3　年齢差相対性理論の活用

例えば男性が31歳で19歳の娘と付き合ったとしましょう。すると、友達は「おいおい10代の娘とかよ、これは犯罪行為だな」と、羨むことしきり。相手との年齢差は12歳です。これが同じ12歳の差でも、男性が41歳で、女性が29歳ならどうでしょう。キャバクラではよく見かける光景ですね。なんら違和感はありません。これがさらに男性が71歳で女性が59歳ならどうですか。年齢差12歳ですが、ただの年寄り同士にしか見えません。「年齢差とは絶対的なものではなく、歳を取るにつれて、感覚的には狭まっていく」のです。これを年齢差相対性理論といいます。ですから、自分の年齢が40歳前後なら、迷わず30歳前後の女性を口説くのがよろしい。そのとき「オレが31歳のとき、あのコは19

歳だったんだと」自分に言い聞かせると、より興奮します、なんのこっちゃ。

ただ問題は、30歳前後の素人女性は結婚に焦ってて、オヤジと遊ぶ精神的余裕がありません、そこで目をつけるのが、次のポイントです。

4　お姉さん系&半熟キャバクラ

最近知り合いが、中目黒にお姉さんキャバクラなるものをオープンさせて、結構な賑わいを見せています。ほか五反田は、熟女キャバクラよりはちょっと若い「半熟キャバクラ」の聖地とまでいわれており、友人も足繁く通っておりました。実力的&外見的はまだ充分現役でいけるし、昔六本木で活躍していたなんて栄光話も聞けて、しかも料金はお値ごろ。つまり当時、イチロー選手を格安価格で契約したマーリンズのオーナーのような気持ちになれるのです。「いいんだよ、キミは気の済むまでここにいて。オレがどんどん指名するから」と、まさにこんな気分でしょうか。

お姉さん系&半熟キャバにいるコは、ある意味大人です。ですから、話がまとまったら結果も早い。会って2回目ぐらいには、今後のプランを話して、「毎週同伴で、月2回でどうだ」みたいな条件闘争をしましょう。

なんだかんだゴネだしたら、「ケリーバッグの産みの親、グレース・ケリーがゲーリー・クーパーと交際していたときは、年齢差28だぞ」と言い「いい女ほどオヤジ好きなんだ」とアピールしましょう。相手はその迫力に押されて、きっと前向きな商談をするはずです、ほんまかいな。

燃えるような恋って、
何が燃えるの？

芸能・エンタ 7

初代「君の名は」は、1953年、岸恵子　佐田啓二主演でヒット。

オヤジになると、テレビや映画、ネットの依存率が高くなります。
そこで優秀なドラマや映画などを、鑑賞する目を養うのが大事かなと。
マンガでもなんでもいいんです。
好きなものを見つけて、ハマればいいのです。
ちなみにと、私の好きな作品などを紹介しておきます。
皆さま方の趣味ライフの、手助けになれば幸いです。

シニア世代直球ドラマ、「やすらぎの郷」にビンゴ

「やすらぎの郷」は、「前略おふくろ様」や「北の国から」などを書いた、

脚本家の倉本聰の、芸能人向け老人ホームの話です。

2017年に大ヒットして、

新たに「帯ドラマ」のマーケットを開拓しました。

倉本聰さんは、NHKで大河ドラマ「勝海舟」の脚本家降板騒動で、

北海道に逃避行し、そのまま居ついて数十年。

まさに自分の老後、晩年と対峙して「やすらぎの郷」を

書き上げたのだと思います。

未だノリノリな倉本聰、こうゆう風に老けて行きたいですね。

2017年は倉本聰企画・脚本の、シルバー世代応援昼ドラマ「やすらぎの郷」（テレビ朝日系）が話題でした。その魅力を解明します。まず企画が、若者に迎合したドラマ作りに反旗を翻し、熟年層向けなのが画期的です。

倉本先生は、大河ドラマ「勝海舟」で、制作側と衝突して、北海道へ逃飛行。昭和の頃から反逆児で、未だスピリットは衰えず。老人たちは余生が短いから、好きなことやって死ぬんだと、たばこを吸いまくり。禁煙ブームに対して、本音を語ってますね。

ドラマはテレビ黄金時代に活躍した俳優たちを集めた老人ホームが舞台。出演者が豪華で、共演ＮＧをあえて登場させています。主人公の脚本家、菊村栄（石坂浩二）に対し、元妻の浅丘ルリ子と元恋人の加賀まりこが共演。両手に花ですなあ。

話は芸能界のエピソードが多く、リアルです。例えば「お嬢」と呼ばれた、名女優の誕生会に誰が呼ばれるかで、すったもんだ。嫌いな俳優を冗談で呪ったら、本当に死んだとか。

菊村の奥さんの律子（風吹じゅん）は、認知症を患って、大分前に亡くなっています。そこが南田洋子さんとダブるんですよね。その律子の遺影が絶頂期の風吹じゅんの水着姿って、笑えます。新しく入所した高井秀次（藤竜也）が、過去に律子と何かあったらしいと、菊村は気になってしょうがない。悩んだ揚げ句、昔を知る女優に話を聞くことになったのです。

芸能人って、過去に誰とつきあったなんて、気にしないと思うでしょう。実は逆です。自分らがヤリまくっているくせに、いざ自分のこととなると、有名人とつきあっていたコは、しんどいという人が多いんです。

とにかく見ていて滑稽です。巨匠倉本聰脚本とは思えない軽さに驚き、逆に感服しております。倉本作品で好きだったのは、「前略おふくろ様」です。坂口良子演じる、かすみちゃん、可愛かったなあ。この老人ホームのスタッフは、過去に悪さをした人たちの、更生施設として機能しています。だから娘の坂口杏里を、人生の再スタートとして出したら、リアルで面白いんだけど。ロケ中に失踪しても話題になりますよ。

銀座のクラブのＶＲとして楽しむ、黒革の手帖

松本清張原作の人気ドラマ「黒革の手帖」は、何度か映像化されており、２０１７年久々のリメイクとなりました。

主演は原口元子役に武井咲。ライバルの山田波子役が仲里依紗。

原口元子は銀行からお金を横領して、銀座で高級クラブを開くという根っからの悪女です。

毎回評判になるのは、ライバルの山田波子。こちらの方は、田舎者なのに次第に金と男に目覚め、原口元子以上の悪女になっていく。

さて最後はどうなるのか。

答えは分かっていても、つい観たくなるドラマです。

過去に何度もリメークされた傑作ドラマ、松本清張原作の「黒革の手帖」が13年ぶりに復活を遂げました。

前回の2004年時は、米倉涼子がヒロインを演じ、彼女の出世作となっています。今回、ヒロインの銀座クラブママ・原口元子役に、武井咲を抜擢。米倉と武井は同じ事務所、しかもオンエアも前回同様、テレビ朝日からと相性はバッチシ。どんな出来栄えでしょうか。

黒革の手帖とは、銀行員の原口元子が集めた顧客の裏口座リストのことです。元子は銀行を辞めるときに、1億8000万円を顧客の裏口座から降ろし、銀行には手帖に書いてある裏口座をバラすと脅して、見事横領に成功します。

そのお金で、銀座の高級クラブのオーナーママになり、手帖に書いてある顧客から、さらにお金を巻き上げるという、実に痛快なドラマです。

私も何度か銀座のクラブに行きましたが、武井のような、美人ママには出会ったことがありません。武井になら、ケツの毛を1万本ぐらい抜かれても構わない、それぐらい着物姿が似合います。ただ悪女の部分で、映画「るろうに剣心」の、いいコちゃんキャラが、まだ残っていて、そこの脱皮が鍵です。

脇役を固めているのが、なぜか「るろ剣」キャストが多く、奥田瑛二、江口洋介が演技面で、がっちりサポートしています。とはいえ、濃厚なラブシーンを、武井に期待するのはちょっと無理でしょう。そこで汚れ役をひき受けてくれるのが、元子の同僚の波子で、今回は仲里依紗に期待です。前回は波子役の釈由美子が、クリニックの院長、楢林先生（小林稔侍）の、ズボンをむりやり脱がせ、ステテコ姿にして盛り上げました。

感想としては、サスペンス的な演出は申し分ないですが、大金を得てからママになるまでの過程が唐突過ぎて、ちょっと面食らいます。ここは丁寧に、銀座のダークな部分を描いて欲しいです。

そもそも、座っただけで5万円も取られる銀座の高級クラブには、まともな月給取りじゃ行けません。そこはどんなところなんだろう。得体の知れない魑魅魍魎がうようよおり、そいつらの金タマを転がす、元子の孤軍奮闘ぶりが見ものですから。そしてやがて堕ちていく元子、その汚れぶりも大いに期待です。

滅多に行けない銀座のクラブのＶＲ（バーチャルリアリティ）ドラマとして、われわれ庶民は楽しもうではありませんか。

竹原ピストルがオヤジのハートを鷲掴みする理由

竹原ピストル、紅白歌合戦出場おめでとうございます。
竹原ピストルといっても、ピンと来ない人もいるでしょう。
ＣＭに出ているので、あ〜あの人って、分かると思います。
最近だとサントリーの缶コーヒーのボスに出てくる、工事現場の人ですか。
竹原ピストルのファンは多く。本木雅弘や松本人志らが絶賛しています。
元ボクサーで、ギター片手に日本じゅうをライブで旅しています。
圧倒的存在感で、俳優もこなし、映画にも沢山出ています。
非常にオヤジ受けするキャラクターです。
若い女子にはウケていませんので、ライブは酔っ払いの野郎ばかりだとか。
是非に、気に止めておいて下さい。

竹原ピストルを御存知ですか?彼の歌声は、すでにCMで何千回とオンエアされています。住友生命のCM、1UPを見たことがあるでしょう。しゃがれ声で「よ~、そこの若いの」と、若者を熱く応援していますよね。最近は、紅白歌合戦にも出場し、サントリーのボスのCMにも登場し、いきなりメジャーになりました。

竹原ピストルの歌は、なぜか距離感が非常に近いです。通勤途中に問いかけてくるぐらいの近さですか。例えばこうです。電車を待っていた若い兄ちゃんに、あばれる君を20年老けさせたオッサンがいきなりホームで語りかけてくる。そんなシチュエーションを彷彿させます。

突如、オッサンは「そこの若いの、こんな自分のままじゃいけないって、頭抱えてんだろ!」と言ってくるから驚天動地。「何言ってんだ、このオヤジ」と思いつつも、迫力に押されて、つい「ハイ」と言ってしまう自分がいます。そしたらオヤジはニヤリとし「いいんだよ、そんな頭を抱えたままの自分でいろよ」と言って、去って行ったのです。あいつはいったい、なんなんだと。

そんなわけで、竹原ピストルの歌には、自分に対して語っていると思えてくるフレーズが沢山あります。この「自分にだけの語りかけ」は「太宰治」や「尾崎豊」が得意としており、誰でも一度はかかる青春の「熱病」や「はしか」みたいなものといえましょう。

でも、はしかにオッサンがかかってしまうってあり得ない。それが竹原ピストルの凄さです。竹原ピストルのメッセージは、若者向けに見えますが、実は自分自身、つまりオヤジへのメッセージという二重構造になっています。「俺を含め、誰のいうことも聞くなよ」というあたり、自らも口うるさいオヤジになりたくない心情が吐露されています。

とにかく応援する側も、される側もハードルが低いのが救いです。「LIVE IN和歌山」という曲では、精神病の若者を応援しています。「薬づけでも生きろ～」と熱くシャウト。人間誰しも、何か漬けで生きているのだから大差ないよと諭します。そして、オレは何年先までも、毎年ずっと和歌山にライブしに来るから、お前も毎年ライブ見に来いよ、と滅茶苦茶ハートウォーミングです。

竹原ピストルの原点は、年間２００本以上にわたるライブ活動を7年間やって来たことです。そのライブ活動で出会った人々や体験がすべて曲に活かされ、強烈なメッセージとなっているのです。

「ドサ回り数え歌」では、ギターの弦が1本ずつ切れてゆくさまを、悲哀を込めて歌いあげます。

松本人志、本木雅弘が惚れる男

「ライブ活動中に、誰かオレを見つけてくれと、思っていました」と、当時の心情を語っています。そんな彼に目を付けたのは松本人志で、竹原は映画「さや侍」の托鉢僧役で出演しています。大事なラストシーンで詩を読み、歌い上げ、彼の圧倒的歌唱力と存在感が、世間に知られるようになりました。

松本人志曰く「そこそこ頑張ったオレをまだまだって焦らす凄さ…」と言わしめた竹原ピストル。彼は見出してくれた松本に「俺のアディダス～人としての志～」という、お礼の曲を書いてます。これがまたいいんだわ。

2人の関係に割って入って来たのが本木雅弘って書くと三角関係に見えますが、そんなことはないです。本木雅弘は、映画「永い言い訳」で竹原と競演します。内容は、交通事故で妻を失った家族の再生物語で、売れっ子作家役に本木雅弘、対照的なトラック運転手に竹原ピストルという設定です。本木と竹原は、バスツアーで同時に妻を失います。そこで2人は家庭を失った喪失感をカバーするために交流が始まり、本木が竹原の子供達の面倒をみて、絆を深め合うのです。

映画での存在感は圧倒的です。西川監督も「どこかで演技していると思うのですが、全く気づかない」と語ります。すでにそこに、妻を失ったトラック運転手が存在していたのです。今まで積み重ねて来た映画の役作りを根底からくつがえす存在感に、本木雅弘は竹原ピストルの熱心なファンとなったのです。

今後ライブ活動は、年間50本程度に絞り、メジャー化を目指すと言っていました。そこは、ちょっと危惧しますけどね。

「自分と作品を同一化させると、いつかズレが生じて、心身ともに崩壊してしまう」といわれています。

地方でライブ活動をしているから、名曲が生まれるわけで、辞めたらいけないような気がしないでもないのです。

本人はいたって前向きです。何が起きても、晩年の尾崎豊状態にはならないでしょうが。結果を求めない温かいメッセージが、我々にどんだけの生きる気力を与えてくれることやらです。

太宰治の『晩年』という短編集の中に、こういうくだりがあります。

「死のうと思っていた。ことしの正月、よそから着物を一反もらった。（中略）これは夏に着る着物であろう。夏まで生きていようと思った」

これを竹原流な表現に変えると、こうなります。

「適当な人生を送っていた。竹原ピストルを聞いた。そうか、このまま、頭を抱えながら生きてればいいんだ。あと数年、自分だけの汗をかき、自分だけのちっぽけな花を咲かそう。それでいいと思った」

ありがとう、竹原ピストル。

マクドナルド誕生の映画「ファウンダー」に見る後だしジャンケン必勝法

マクドナルドを最初に作ったのは、マクドナルド兄弟です。
しかしファウンダー、すなわちマクドナルドの創業者となったのは、
レイ・クロックという人物です。
彼はマクドナルド兄弟が編み出した、
オーダー後、30秒で商品を提供できる、
システムキッチンに驚き、全国展開を持ちかけます。
お金も地位も名誉も、ましてオリジナルの発明もしていないレイ・クロックが、
いかにしてマクドナルドの創業者になれたかの話です。
しかも52歳のオヤジになっての行動ですから。
オヤジ応援歌とも取れる作品です。

2017年公開の映画『ファウンダーハンバーガー帝国のヒミツ』を紹介させて頂きます。タイトルのファウンダーとは、創業者のことを指します。なんの創業者かというと、世界一のハンバーガーチェーンを築いたマクドナルド帝国の創業者の話となります。マクドナルドといえば、最初にお店を作った人としてマクドナルド兄弟の名が有名です。しかし、創業者として永遠に名前を残すのはレイ・クロックという人物です。

この映画は、マクドナルド兄弟が発明したスピーディーに品物を提供するハンバーガー店をレイ・クロックがいかに合法的に買収し、自分のものにしたかのお話です。だから、後だしジャンケン必勝法と書いたのです。

話をかいつまみますと、当時マクドナルド兄弟の作ったハンバーガー店はオーダーしたら、ものの30秒でハンバーガーが出て来て、大人気でした。しかもお客さんは健全なファミリー層やカップルがメインで和やかな雰囲気で食事をします。実は、当時1950年代のロードサイドのカフェレストランは、不良のたまり場でした。だから、限られた層しかカフェに行きませんでした。マクドナルド兄弟の店は全てのアメリカ市民がターゲット、ゆえにハンバーガーが国民的な食べ物に成り得たのです。

映画の始まりはマクドナルド兄弟とレイ・クロックの出会いからです。マクドナルド兄弟がチェーンを数件に広げたあたりで、レイ・クロックが登場します。レイは当時、アイスシェイク・ミキサーのセールスマンをしており、52歳で泣かず飛ばずの人生を送っていました。そんな矢先、一気に6台もの注文が入り、小躍りするレイ。そんな景気のいい店ってなんだろうと覗きに行ったら、それがマクドナルドだったのです。

そこからレイはマクドナルドのフランチャイズ権を獲得し、破竹の勢いで店を増やしていきます。

買収の顛末は映画で楽しんでいただくとして、何か事を起こそうとしている人にとっては、たまらなく魅力的に見える映画です。だって自分がオリジナルのイノベーションをせず、他人のアイデアを拝借して、巨万の富を築くなんて、なんと素敵なことでしょう。しかも、当時のレイはしがないセールスマンですから、お金もありません。これで、よくまあ他人のふんどしで相撲を取って、勝てたものです。

映画の最後で、レイはマクドナルド買収の必要性を語ります。

「マクドナルドのキッチンのシステムは熟知していた。だから名前を変えて、新しいハンバーガーチェーンを作るのは容易だった。けど私はマクドナルドという名前が欲しかったのだ。レイ・クロックのハンバーガーチェーンじゃ、誰も客は来ないよ」

とまあ、こんな感じのコメントを残しています。マクドナルドというドイツ語に近い語感の響きが、なぜか人々をわくわくさせると直感で分かっていたのです。

他人の発明で、儲ける方法はある

日本の企業でも、たった1軒の店から日本中にチェーン店を築いた例はたくさんあります。そんな数ある飲食店の中で、これは凄いと思ったのは喜多方ラーメンの「坂内」です。１９８０年代、福島県の喜多方の「坂内食堂」に行ったことがありますが、おばちゃんが寸胴でスープをこさえる家族で経営している小さな店でした。普通に頼んでチャーシューメンが出てくる、つまり肉マシマシが当然という画期的な店だったのです。もちろん、当時から大行列です。

その店は、自らチェーンを広げたわけではありません。実は麺食という会社が坂内本店とフランチャイズ契約をして、現在50店ほど、全国展開しているのです。

たまに好きで喜多方ラーメンに行きますが、結構いい線の味です。しょう油ベースのスープは最近のこってり系が多いなか、妙な懐かしさを覚えます。チャシューも、本店のように非常にボリューム感が出てます。もちろん、喜多方の本店監修のもとに、フランチャイズの味を作っており、充分本店の代用を果たしています。ちなみに坂内という名前はお店のオーナーの名字です。今となっては、名店の響きがしますね。そういう意味じゃ、マクドナルド化したのかもしれません。

映画の中で、レイ・クロックは自己啓発のレコードをかけて、自分の進む道は正しいんだと、自己暗示をかけて、ビジネスに挑んでいました。今から60年以上も前に、アメリカでは自己啓発グッズが当たり前にあったのも驚きです。

そんなわけで、もはや中年に達し、オリジナルのイノベーションもできない、お金もないというあなた、レイ・クロックの自伝的映画を見てはいかがでしょう。いい刺激になると思いますよ。ぜひご鑑賞あれ！

「君の名は。」を一人で行けないオヤジの憂鬱

映画「君の名は。」を見たくても、見れなかったオヤジの皆さん、
ようやくレンタルDVDで見れますね。
実はこの作品、オヤジ世代にバカ受けで
涙腺崩壊する人が、結構いるとか。
つまり自分達の若い頃の体験とオーバーラップさせているんですね。
生き別れたままの人。
あるいは、告白せずに、そのまま二度と、会っていない人とかね。
まさか、現代の高校生の出会い話が、オヤジにウケるとは。

2016年の夏オヤジ2人で喋っていると、話題の映画「君の名は。」を見たかという話題で盛り上がりました。公開して久しいのに、その話題を出すこと自体が、オヤジ臭がプンプンします。でも、オヤジのアンテナでは今が旬のようです。それからお互いまだ見ていないということで、近日中に行くかとなりました。「じゃ、一緒に行きますか?」と、40代のオヤジが聞いて来ます。一瞬、間があって、こちらは「まさか、オヤジ2人は気持ち悪いよ。」って言ったら、相手は笑ってましたけど。

かといって、オヤジひとりで見に行っても、この映画は相当しんどいです。30代の知り合いがSNSで「『君の名は。』をひとりで見に行ってもおかしくない?」みたいなつぶやきをしていたけど、単独鑑賞は30代が限界かと思います。

方法としては、1953年公開の元祖「君の名は」のリバイバル公開だと思って、マチコ巻きの女性を探しつつ、数寄屋橋経由で行くのはどうですかって、誰もそれ知らんがな。ちなみに、元祖のほうは岸恵子、佐田啓二コンビの再会もので動員人数は1000万人。今の「君の名は。」ぐらいの大人気映画だったんです。

そんなわけで、いよいよ「君の名は。」を見ることになったのですが、ひとりは怖いので、知り合いのお姉ちゃんに頼んで同伴してもらうことに。入場方法はせっかくだから、

「夫婦割」（どちらかが50歳以上のカップル割）を使います。

そのお姉ちゃんに割引の主旨を説明すると「夫婦を証明しろって言われたら？」と聞かれました。「目の前でチューすればいいじゃん」と答えようと思ったが、引かれるので止めました。代わりに「ガッキーのドラマあったじゃん。事実婚のさ。あれと一緒だから、証明はいいんだよ」とだけ言いいました。彼女は妙に合点がいったようです。

「映画館で堂々としてればいいんだよ。それでさ、あのドラマって、名前なんだっけ？」オヤジとしては、それから先が出てこない。

「逃げ得？」

「逃げ足？」

「ヤリ逃げ？」

スマホ検索で、ようやく「逃げ恥」が出て来たときは、喉のつかえ物が取れた気分で爽快でした。ほんと、歳は取りたくないなあ。

「君の名は。」のパンチラ表現とは

ようやく見れた「君の名は。」は、もう大感激で、最後はウルウルの涙目でした。これって、充分大人の鑑賞に耐え得る、立派な娯楽作品です。今年の映画のナンバー1に推挙したいです。

オヤジ目線でいうと、アニメーションの中に実写ばりのリアリティを求めた、細かい風景描写が秀逸でした。東京って実は、こんなに素敵なところだったんだと、改めて認識しました。

そして女子高生がミニスカ姿で、ぴょんぴょん飛び跳ねている姿、リアリティある描写なら、絶対パンツが見えるでしょう。この矛盾をどう解決するのか?実は作品の最後のほうの自転車を漕ぐシーンあたりで、ちらっとパンツが見えていたというか、アニメだから見せていたというのが正しいのかも知れないけど。新海監督見直したわ〜って、評価はそこか〜。

いえいえ、動員数でもジブリ超えを果たしたけど、ファンタジーとリアリティーの融合でパンチラ表現でもジブリ超えですよ。ナウシカじゃ、最後までパンチラはなし。トトロのパンチラは、あれは子供だし。過去においても「もしドラ」や細田監督の作品とかでパンチラなしで、天衣無縫に飛び跳ねる女子高生が表現されたけど、その嘘臭さを打ち破った意義はでかいです。

たかがパンチラ、されどパンチラ。

本当は、内容をもっと深く追求して書きたかったのですが、ネタバレするので止めました。思い出すのは、大林宣彦監督の「転校生」ですな。あれも男女が入れ替わってしまう。なんでも過去の作品と比較してしまうのが、オヤジの悪い癖ですね。

また見たくなる映画であることは確かです。今後はレンタルＤＶＤショップでの戦いですか。エロＡＶを借りるより、「君の名は。」を借りる方が恥ずかしいって、どうゆうこと？ オヤジの繊細なハートを理解して頂けると幸いです。

人生は決して諦めないことを、映画トランボに学ぶ

ダルトン・トランボというアメリカの脚本家は、
映画「ローマの休日」を書いた人として有名です。
けど映画公開当時は、別の名前のクレジットでした。
ダルトン・トランボは、共産主義者と関わっているとして
赤狩りに合い、拘束されてしまったのです。
それからしばらく生きるために、匿名での脚本書き生活が始まります。
匿名で書いた脚本が、面白過ぎて、アカデミー賞を取ることも。
才能ある人って、何を書いてもウケるんですね。
最終的には、トランボの名誉は回復され、映画界と和解します。
途中へこたれず、脚本を書きまくったトランボ、
彼の生き方は、非常に励まされます。
心が折れそうになったとき、是非観ましょう。

映画『トランボ　ハリウッドに最も嫌われた男』は、名作「ローマの休日」の脚本家だったダルトン・トランボの、自伝的映画とでもいうのでしょうか。「ローマの休日」（１９５３年）が封切りされた頃、原案・脚本の欄には全く別の名前がクレジットされていました。つまり、トランボは友人の脚本家の名前を使って作品を提供し、アカデミー原案賞を受賞したのです。

なんでトランボは、偽名で書いたのか？　それはトランボが、共産主義者に加担しているということで、「赤狩り」にあい、投獄されたからです。そんな弾圧を受けたトランボが、いかにして名誉を回復したかが、この映画のテーマです。

最近の日本でも炎上とか、理不尽な弾圧を受ける人が多いですが、そういう方たちにも、トランボの生き方はとても参考になると思います。

トランボの弾圧の話を書く以前に、映画産業そのものが、弾圧の歴史だったことが驚きです。そもそもハリウッドが映画の都となったのは、発明王エジソンが、自分が発明した映画から、お金を徴収しようとしたことに始まります。これを嫌ったユダヤ人たちがニューヨークから離れた、ハリウッドならエジソンも追ってこまいと、セットを作り始めたのです。

そんなハリウッドから、さらに迫害されようとは、トランボも数奇な運命の星のもとに生まれましたな。1950年代、アメリカに吹き荒れた「マッカーシズム」は、共産主義者や賛同者に対して、ヒステリックに攻撃し、失職させ、果ては投獄に追い込んだのです。

そんな時代の雰囲気を機敏に感じ取った巨匠ウィリアム・ワイラー（ドイツ生まれ、ベン・ハーなど名作多数）は、ハリウッドでは口うるさい注文が多くて映画作りに専念できない。ここはいっそ海外ロケをして自由な気風で「ローマの休日」を作ろうとなった次第。ダルトン・トランボは原作から参加。けどタイミングが悪かった。封切時には、すでに赤狩りにあい、偽名での参加となったのです。

トランボは、議会の公聴会で宣誓拒否をして投獄されますが、どうやって名誉を回復したか。それは生きるため、家族を養うために、B級映画の脚本を、恐ろしく安いギャランティで、しかも偽名で書きまくったのです。これって、1980年代の日本で、エロ本書きからライターになったり、ストリップ小屋の幕間コントからTVスターになったりする動きと、多少似ていますね。トランボはB級映画会社から、何十本も脚本を書きまくりますが、そのなかで「黒い牡牛」という作品が、アカデミー原案賞を受賞。人生2度目の、偽名でオスカーを得ることとなりました。

才能のある人間は、必ず見いだされる

偽名でも才能は溢れでます。評判を呼び、カークダグラスが、映画「スパルタカス」を主演するときに、脚本をトランボに実名でクレジットさせる条件で依頼。このときの、反対勢力との攻防戦は見ものです。女性ジャーナリストが、ロビー活動で、トランボを抹殺しようとしますから。権力者のおばちゃんに睨まれたら怖いのは、いつの時代も同じです。そして、いろいろバトルもありましたが、次第に赤狩りの勢いも下火になり、ようやくトランボは名誉を回復できる運びとなったのです。

トランボの作品で個人的に好きな映画は「パピヨン」(1973年)という作品です。胸に蝶の刺青があるからパピヨンと呼ばれた男を、スティーブ・マックイーンが演じ、相棒のドガがダスティン・ホフマン。ふたりはギアナの刑務所に投獄されるが、そこは生き地獄でした。このままじゃ、死を待つしかない。そこで脱出不可能といわれた、刑務所からの逃亡劇が始まります。当時、3回脱獄に失敗したら死刑という暗黙のルール

があり、ふたりは2度失敗。次は死だというときに、パピヨンは望みを捨てずに果敢に脱獄を試みます。3度目に連れて来られた絶海の孤島からは、ほぼ脱出不可能。毎日、海を見ているパピヨン。

そしてふとあることに気づくのでした。島に押し寄せる波は、7回目で外に流れると。その波に乗っていけば外に出られるのではないか。スタントなしで崖から飛び降りるマックイーン。彼は見事、ココナッツの実で作った浮き輪に乗って、外界へ脱出に成功します。そしてBGMは、名曲パピヨンのテーマが流れてきます。もう涙なしには語れません。

トランボが「パピヨン」で言いたかったのは何か？ それは「絶対に諦めないこと」、これに尽きます。自らの人生を投影しているような、主人公の生き方ですね。「トランボ」もいいけど「パピヨン」もいい。気が向いたらレンタルビデオ屋さんにでも寄ってみて下さいね。

木村和久

kimura kazuhisa

コラムニスト、デイトレーダー、日本文藝家協会会員

1959年宮城県生まれ。主な著作、『平成ノ歩キ方』は30万部のベストセラー。『キムラ総研』『キャバクラの歩き方』など。近著は『ヘボの流儀、叩いても楽しいゴルフの極意』(集英社インターナショナル)で、ゴルフと株取引、キャバクラにも造詣が深い。

50歳からの かろやか人生

2018年3月9日 初版第1刷発行

著者 木村和久
発行者 柳谷行宏
発行所 雷鳥社

〒167-0043
東京都杉並区上荻2-4-12
tel 03-5303-9766
fax 03-5303-9567
http://www.raichosha.co.jp
info@raichosha.co.jp
https://www.facebook.com/raichosha
https://twitter.com/raichosha
郵便振替 00110-9-97086

イラスト とがしやすたか
デザイン 増喜尊子
編集 安在美佐緒
編集協力 久留主茜
印刷・製本 シナノ印刷株式会社

本書は日刊SPA!の連載、木村和久の「オヤ充のススメ」(2014年~2017年)と、夕刊フジの「木村和久の世間亭事情」(2017年)の連載を抜粋し、一部加筆修正したものです。

ISBN 978-4-8441-3739-9 C0095